SAIR OU PERMANECER?

SAIR ou PERMANECER?

UM LIVRO PARA ADVENTISTAS QUE LIDAM COM A DÚVIDA

REINDER BRUINSMA

© Reinder Bruinsma, 2017
Publicado por: Flankó Press, Londres, Reino Unido

Salvo indicações contrárias, as citações da Bíblia deste livro são retiradas da *Versão Padrão Revisada da Bíblia*, copyright © 1946, 1952, 1971, pela Divisão de Educação Cristã do Conselho Nacional de Igrejas de Cristo nos Estados Unidos. Utilizados com autorização.

Os textos creditados à Tradução Nova Vida são da Bíblia Sagrada *New Living Translation*, copyright © 1996. Utilizados com autorização pela *Tyndale House Publishers*, Inc., Wheaton, Illinois 60189. Todos os direitos reservados.

ISBN 978-0-9935405-5-4
Edição: Jonquil Hole, Crowthorne, Berks (Reino Unido)
Capa: Mervyn Hall, Alphen aan den Rijn (Holanda)
Layout: Pré-Impressão Buro Booij, Wapenveld (Holanda)
Impressão: Lightning Source, La Vergne, TN (EUA)

Todos os direitos reservados. Nenhuma parte desta publicação pode ser reproduzida ou utilizada de qualquer forma por qualquer meio, eletrônico ou não, incluindo fotocópias, gravação ou por qualquer sistema de armazenamento e recuperação de informações, sem autorização prévia por escrito da editora. O autor afirmou seus direitos morais.

Sumário

Prefácio 7
Prefácio da edição em português 9
1. Permanecer ou sair? 11

PARTE 1: QUESTÕES, INCERTEZAS E DÚVIDAS

2. Cristianismo em crise 23
3. Tendências recentes do adventismo 33
4. "Deus existe?" e outras questões fundamentais 63

PARTE 2: ENCONTRANDO RESPOSTAS

5. O salto de fé 83
6. Por que devemos permanecer na Igreja 111
7. Ainda posso acreditar nisso? 129
8. E quanto a isto...? 151
9. Em que exatamente devo crer? 167
10. Lidando com nossas dúvidas 191

Prefácio

Este livro foi escrito por um Adventista do Sétimo Dia e direcionado aos cristãos Adventistas do Sétimo Dia. Mas não é uma publicação oficial da Igreja, nem publicada por uma editora denominacional. Na verdade, nem tentei publicá-lo através de um dos canais oficiais da Igreja, embora, em geral, meus livros anteriores tenham a marca de uma de nossas editoras adventistas. Entretanto, este livro é diferente e sei que seria difícil, para aqueles que decidem o que é aceitável como lançamento por uma editora adventista, autorizar sua publicação – mesmo que pessoalmente possam gostar de vê-lo impresso. Agradeço a oportunidade de publicá-lo através da Flankó Press, em Londres (Reino Unido).

Meu público-alvo especial neste livro é um segmento da Igreja Adventista a que sempre me referi como "crentes que estão às margens". Escrevi, especialmente para aqueles em nosso meio que têm dúvidas e preocupações; para aqueles que se perguntam aonde a igreja está indo; para aqueles que têm dificuldade para acreditar como estavam acostumados e lutam com o dilema: permanecer ou sair? Também escrevi para aqueles que já deixaram a Igreja Adventista por várias razões. Espero que seja lido por muitos desses e inspire pelo menos alguns a retornar.

Reconheço que me tornei vulnerável com este livro. Não posso negar que há coisas na minha Igreja que eu não gosto; que também tenho muitas dúvidas e perguntas sem respostas; que critiquei alguns dos líderes da Igreja e certas tendências que percebo e a direção em que as principais partes da Igreja parecem estar se movendo.

O manuscrito deste livro foi lido por vários amigos e colegas, que fizeram muitos comentários úteis. Suas contribuições foram muito apreciadas. Como sempre, minha esposa Aafje leu o manuscrito e eliminou uma boa quantidade de erros de digitação e me ajudou a melhorar o texto de outras maneiras. Sou grato à Sra. Jonquil Hole, que mais uma vez esteve disposta a fazer o copywrite e editar um dos meus livros.

Superficialmente, pode parecer que sou bastante negativo em relação a muitas coisas no que diz respeito a minha Igreja e que sou pessimista sobre o futuro da mesma. Só que essa é uma conclusão errada. Tenho sérias preocupações com a Igreja, mas não estou prestes a desistir dela. Procuro ter uma ampla visão. Acredito que nuvens atuais podem desaparecer à medida que novos ventos comecem a soprar. A última coisa que gostaria de fazer é desencorajar os leitores com minha análise do que está acontecendo no cristianismo em geral e no adventismo em particular. Eu ficaria devastado se meu livro afastasse as pessoas da fé e de suas igrejas. Pelo contrário, espero com todo meu coração que ajude muitos leitores a dar um novo "salto de fé" e depois (re)conectar-se com sua igreja.

Escrevi este livro porque me importo profundamente com todos aqueles que acabaram "nas margens". Não tenho a ilusão de que ler este livro fará imediatamente desaparecerem todas as dúvidas. Espero e oro, no entanto, que ajude aqueles que o leem, a estabelecer prioridades em sua experiência de fé; que irão renovar ou manter seus laços com a Igreja, e se atreverão a viver criativamente com suas incertezas e dúvidas.

Zeewolde, Holanda
Verão 2016

Prefácio da edição em português

As várias edições deste livro foram recebidas com muito interesse e gratidão. Em alguns casos, até mesmo com manifesto entusiasmo por parte de diferentes leitores. Muitos daqueles que estão "às margens" da Igreja escreveram para mim, ou de alguma forma fizeram a informação chegar até mim, contando que reconheceram sua própria situação no que leram e estão gratos por eu ter discutido abertamente as questões com as quais eles têm lutado. Alguns disseram que a leitura deste livro lhes foi muito útil, ou que o livro realmente os levou a se reconectarem com a Igreja de maneira significativa.

Este livro já foi publicado em sete idiomas e outras traduções estão sendo preparadas. Reações de todo o mundo demonstram que ele preenche uma necessidade e que, ao escrevê-lo me inclui em um "ministério" que tem sido uma benção para muitos. Desde que o livro apareceu pela primeira vez em inglês, várias melhorias importantes foram feitas na forma como o livro é estruturado e como os argumentos são apresentados.

O Sr. Werner Lange, responsável pela tradução alemã, também auxiliou com sua experiência melhorando o livro de diversas maneiras, o que foi muito útil também na preparação desta edição em português. Sou muito grato à Sra. Aline Nascimento pela tradução para o português. Espero que este livro encontre seu caminho para chegar às mãos de muitos adventistas de língua portuguesa, que podem estar insatisfeitos na Igreja, e que realmente seja uma benção para eles. Também serão muito apreciados os seus esforços subsequentes ao indicar esta publicação a outros que possam se beneficiar ou ser abençoados.

Zeewolde, Holanda
2018

CAPÍTULO 1

Permanecer ou sair?

Ao escrever estas palavras, estou aposentado há quase dez anos. Mas, pelo menos até este momento, permaneço bastante ativo. Continuo a pregar nas igrejas adventistas em muitas partes diferentes da Holanda, o país onde moro e regularmente também mais longe. Continuo a palestrar em vários países e participo em muitos eventos da Igreja. Tenho escrito bastante, o que provoca reações de longe e de perto. Meu blog[1] semanal é lido por milhares ao redor do mundo, e isso, em particular, revela que sou muito franco no que digo sobre minha igreja e minha fé.

Por vezes, as pessoas dirão: "Agora que você está aposentado pode, claro, ser mais aberto e dizer coisas que você não poderia dizer enquanto ainda era um obreiro na ativa." Pode haver alguma verdade nisso, mas aqueles que me conhecem bem podem confirmar que – durante toda a minha vida – sempre fui bastante franco e nunca tentei esconder o que penso e quem sou. Isso não significa que sempre achei que era sábio dizer o que penso em todos os tempos, em todos os lugares e para todas as pessoas. Honestidade não é igual a tolice. Sempre tentei permanecer fiel a mim mesmo, mas também agir de forma responsável.

Hoje, mais do que no passado, muitos membros da Igreja Adventista me falam sobre suas preocupações com as tendências atuais da Igreja e expressam suas dúvidas a respeito de sua fé e algumas doutrinas adventistas específicas. Em parte, isso acontece pelo fato de que percebem que estou disposto a ouvi-los

---

1. www.reinderbruinsma.com

sem julgá-los, e que percebem que, em muitos aspectos, temos dúvidas e preocupações semelhantes. Acredito, entretanto, que esse não o único – e nem mesmo o mais importante – motivo. Devemos enfrentar o fato de que está crescendo constantemente o número de pessoas que têm dificuldades em aceitar as tendências atuais em sua igreja e sentem que não podem mais concordar com tudo o que foi ensinado como sendo "Verdade", e não mais sentem a relevância de muito do que está acontecendo na igreja.

Seria tentador descrever em detalhes algumas das histórias que colegas adventistas me contaram, nos últimos tempos. Porém, não quero trair sua confiança em mim. Desejo que eles leiam este livro, mas não quero que se reconheçam no que leem, nem temam que outros possam reconhecê-los. A família adventista pode ser bastante grande, mas ao mesmo tempo também pode ser surpreendentemente pequena, e estou sempre espantado com a quantidade de pessoas que se conhecem e como, especialmente nesta era das mídias sociais, as histórias se espalham.

Muitos dos que falaram comigo, me enviaram e-mails ou mensagens através do Facebook, ou me contataram de outras maneiras, me disseram que estão passando por uma crise de fé e que não podem mais acreditar em Deus, ou pelo menos em muitas das coisas que lhes foram ditas sobre Ele. Muitos dos que estão bem informados sobre o que acontece na organização da igreja e conhecem os pontos de vista de alguns dos principais líderes perderam todo o respeito pelos níveis mais altos da igreja. Outros abertamente se perguntam se querem ou não permanecer numa igreja que sentem que está se tornando cada vez mais conservadora e fundamentalista. Questões concretas como o papel das mulheres na igreja e a atitude da igreja em relação a gays e lésbicas são verdadeiras barreiras para numerosos membros da igreja no mundo ocidental – e não só nele! Neste livro, argumentarei que a Igreja Adventista está em uma crise de proporções importantes e não ficarei em silêncio sobre as coisas que me incomodam na minha igreja e sobre as dúvidas que outros me dizem ter, mas também afetam minha própria fé.

PERMANECER OU SAIR?

Não podemos olhar para o que está acontecendo na Igreja Adventista sem considerar o que está acontecendo no mundo cristão em geral. A Igreja Adventista não existe em "esplêndido isolamento", mas compartilha muitas das tendências que encontramos no mundo cristão. Devemos aceitar o fato inegável de que atualmente a igreja cristã não está indo muito bem. No próximo capítulo, digo mais sobre isso, antes de me concentrar (no capítulo 3) na Igreja Adventista.

Apesar de tudo o que acontece com a igreja, muitos homens e mulheres cristãos ainda estão felizes com sua comunidade de fé. Sua igreja é e continua sendo uma parte importante de quem eles são e querem ser. Continuam ativos, investindo enormes porções de tempo na vida e no funcionamento de sua congregação. São generosos em seu apoio financeiro aos programas da igreja local, bem como projetos missionários e humanitários em todo o mundo. Essas pessoas vão aos cultos, muitas vezes mais do que apenas uma vez por semana. Leem sua Bíblia fiel e regularmente, compram livros religiosos e DVDs; eles assistem aos programas religiosos na televisão e escutam música religiosa. Falam com os outros sobre sua fé e convidam as pessoas a se juntarem a eles em eventos especiais da igreja. Simplesmente não podem imaginar a vida sem a igreja.

Tais pessoas não precisam ser persuadidas a permanecer na igreja, e definitivamente não é por falta de iniciativa e imaginação para considerar outras opções. Elas ficam porque querem ficar!

Há, no entanto, um exército cada vez maior de cristãos que decidiram deixar sua igreja. A maioria das denominações relata uma hemorragia constante de membros – de homens e mulheres que se afastaram para tão longe que não podem mais ser considerados membros da igreja, em nenhum sentido da palavra. Líderes da igreja em muitos países relatam um número crescente de pessoas que solicitam a exclusão do seu nome do registro da igreja. Alguns saem por causa de um amargo conflito pessoal que ficou sem solução. Outros simplesmente não conseguem se reconectar quando se mudam de cidade ou vão para outra parte do estado, ou depois de terem sofrido algum grave problema nas relações familiares.

De fato, existem muitas razões diferentes pelas quais as pessoas se movem para a porta dos fundos da igreja. Pode ocorrer que um incidente específico influencie suas decisões, mas muitas vezes é apenas o fim de um longo processo. Alguns se questionam cada vez mais sobre a base bíblica para doutrinas particulares da igreja. Muitas vezes se sentem incomodados com coisas que acontecem em sua igreja local ou se cansam de algumas tendências e decisões da denominação a que pertencem – ou várias ou até todas essas razões se misturam. Muitos concluem que aquilo que ouvem na igreja não é mais relevante para sua vida diária ou consideram as expectativas de estilo de vida de sua igreja como prescritivas e irrealistas. Outros simplesmente não se dão bem com alguns dos líderes da igreja. Há ainda os que gradualmente começaram a ler a Bíblia de uma maneira que difere do que é oficialmente promovido como a abordagem correta das Escrituras, ou alguns podem até estar duvidando dos elementos fundamentais da fé cristã.

Uma pesquisa, realizada pelo Escritório de Arquivos e Estatísticas da Igreja Adventista do Sétimo Dia, em 2012, confirmou que as pessoas deixam a Igreja Adventista por uma ampla variedade de razões. De acordo com essa pesquisa, muitas dessas razões estão na esfera social, com a "hipocrisia percebida em outros membros da igreja" como o principal motivo. No entanto, também uma porcentagem muito significativa mencionou a dúvida como o principal acionador do abandono da igreja: "dúvida profunda" sobre doutrinas adventistas, sobre a verdade do cristianismo e até dúvidas sobre a existência de Deus.[1] Por mais interessante e alarmante que seja essa pesquisa, ela tem apenas uma utilidade limitada para o presente propósito. A pesquisa não foi restrita ao mundo ocidental, enquanto este será nosso principal foco geográfico. Além disso, as pessoas que responderam à pesquisa já haviam deixado a igreja, enquanto este livro tem como objetivo, em primeiro lugar, aqueles que ainda não abandonaram e ainda estão tentando decidir se vão querer sair ou ficar. No entanto, é revelador ver como a dúvida sobre o

---

1. https://www.adventistarchives.org/why-did-they-leave.pdf

conteúdo da fé desempenha um importante papel em muitos casos de abandono da igreja.

Apenas recentemente, a Igreja Adventista parece ter despertado para a magnitude do problema do êxodo da igreja e agora percebeu que a taxa de retenção de novos membros é bastante baixa. De acordo com o Dr. David Trim, diretor do Escritório de Arquivos e Estatísticas da Igreja Adventista (a instituição que foi mencionada no parágrafo anterior), quarenta e três de cada cem pessoas que são batizadas deixam a igreja dentro de alguns anos. Ele também informou que, nos últimos anos, a Igreja Adventista teve que "limpar" seus registros e "retirou" quase seis milhões de membros entre 2000 e 2012, porque esses membros simplesmente não mais frequentavam a igreja (e isso não inclui as pessoas que morreram). De 1965 até o fim de 2014, cerca de trinta e três milhões de pessoas foram batizadas e se tornaram membros da Igreja Adventista. Naquele mesmo período, treze milhões deixaram a igreja.[1] Estes números tristes não incluem as centenas de milhares de jovens que cresceram na igreja, mas decidiram não ser batizados, e que, mais cedo ou mais tarde, acabaram saindo. Muitos pais que ainda consideram importante sua fé e lealdade à igreja devem enfrentar a experiência, muitas vezes traumática, de ver seus filhos escolherem um caminho diferente. Nas principais igrejas protestantes dos Estados Unidos, apenas 37% dos jovens ficam na igreja.[2] Roger L. Dudley, um pesquisador adventista, apontou em um estudo de dez anos, publicado em 2000, que entre 40 e 50% dos jovens adventistas abandonam a igreja ao atingirem a faixa etária entre 20 e 30 anos.[3] Sem dúvida, um estudo semelhante hoje, mais de 15 anos depois, mostraria uma imagem ainda menos encorajadora.

Isto não é para sugerir que a saída da igreja é uma questão que diz respeito principalmente aos jovens ou aos novos convertidos.

---

1. https://news.adventist.org/en/all-news/news/go/2015-10-13/church-accounts-for-lost-members/
2. http://edition.cnn.com/2015/05/12/living/pew-religion-study/
3. Roger L. Dudley, *Why Our Teenagers Leave the Church* (Hagerstown, MD: Review and Herald Publishing Association, 2000), p. 60.

As pessoas de todas as faixas etárias estão saindo, incluindo pastores aposentados – às vezes, após uma conexão de muitas décadas com a igreja – e homens e mulheres que serviram como anciãos ou ocupavam outros cargos de liderança.

"NAS MARGENS"

Permanecer ou sair? Para muitos, não é um dilema. Eles ficam porque estão felizes e se sentem completos na igreja. Ou saem porque a igreja não é mais importante para eles, ou realmente se tornou para eles algo muito negativo. Para outros, no entanto, a situação está longe de ser clara. Pode-se dizer que eles são os crentes que estão "nas margens" da igreja. Meio dentro, meio fora. Estão nos limites. Muitos estão se aproximando da porta dos fundos. Ainda estão dentro, mas se perguntando por quanto tempo. Ou já estão fora, mas ainda bem cientes do que está acontecendo na igreja, e se perguntam se talvez poderão, em algum momento no futuro, voltar novamente e mais uma vez se tornarem membros ativos, ou talvez sentar-se silenciosamente em algum lugar na parte de trás de igreja.

Muitos gostariam de sair, mas hesitam em cortar todos os laços com sua igreja. Eles podem se perguntar se há algo errado com eles. O que os conduziu a duvidar e os levou a se desconectar gradualmente? Muitos têm a maioria de seus amigos e muitas vezes alguns dos seus parentes na igreja. Temem que deixar a igreja causará danos à sua vida social. Será que isso irá complicar seus relacionamentos com membros da família, os fará perder amigos de longa data, ou pior? Realmente valeria a pena correr o risco?

ESTE LIVRO É PARA VOCÊ?

Eu sou um membro da Igreja Adventista do Sétimo Dia e tenho sido pastor, durante toda a minha vida. Desejo me antecipar. Quero que este livro seja positivo. Dói-me, mais do que posso dizer, ver as pessoas ao meu redor deixando a igreja. Claro que eu também estou profundamente preocupado com algumas tendências que vejo em minha igreja. Porém, como um colega de fé e pastor, e como alguém que dedicou sua vida a servir a igreja, quero fazer o que posso para ajudar os que lutam com a dúvida e a incerteza.

Os problemas com os quais a Igreja Adventista está lutando e os desafios que muitos homens e mulheres adventistas enfrentam não são exclusivos dos adventistas. De uma forma ou de outra, também são generalizados em outras comunidades cristãs, mas neste livro abordo principalmente as pessoas na comunidade adventista. No entanto, não estou visando a todos. Meu objetivo não é fornecer suporte para aqueles que estão firmemente ancorados na igreja. Espero que esse grupo leia alguns dos outros temas que escrevo de vez em quando, e se sintam fortalecidos em seu compromisso de fé quando eu pregar em sua igreja. Contudo, este livro não é primariamente para eles, mesmo que eu espere que muitos o adquiram, para talvez dar de presente a um parente ou amigo que imaginam que pode ser beneficiado com a leitura.

Este livro também não é, antes de tudo, destinado a quem deixou a igreja há muito tempo e já não tem envolvimento com ela – a Igreja Adventista ou qualquer outra denominação. Claro, se alguns nessa categoria lerem e acharem algo que valha a pena, melhor. Porém, este livro não foi escrito pensando neles. E eu realmente não saberia como alcançá-los.

Estou me dirigindo especificamente àqueles que não têm certeza se querem permanecer ou sair; aqueles que estão em dúvida se a igreja ainda tem algo para lhes oferecer. O livro é para aqueles que têm sérias dúvidas sobre aspectos importantes da fé, com os quais eles cresceram e que uma vez foram aceitos como a "verdade"; para aqueles que têm grande dificuldade em aceitar certas tendências na igreja; e para todos aqueles que sentem que não podem mais ver a igreja como seu verdadeiro lar espiritual.

Eu não procuro responder a todas as perguntas que essas pessoas podem estar perguntando. Não tenho soluções imediatas para eliminar todas as dúvidas e dissolver todas as incertezas. Não consigo nem vou defender todas as decisões, projetos e planos da igreja. Algumas vezes, eu mesmo fui tentado a deixar a igreja. Eu discordo de alguns aspectos da teologia adventista tradicional, e me recuso a ler a Bíblia da maneira literal (e muitas vezes fundamentalista) que parece tão popular nos dias de hoje.

Portanto, não estou fornecendo um manual com respostas fáceis que lhe dirá como se livrar de todas as suas dúvidas e restaurará rapidamente sua confiança na igreja como organização, e em todos aqueles que a lideram e em seu funcionamento.

Deixe-me repetir: vou tentar ser totalmente honesto comigo mesmo e com você, leitor. Espero que a leitura deste livro seja uma experiência significativa e gratificante para você. Eu, por um lado, quero ficar com a minha igreja. E, ainda mais importante, *não quero perder minha fé*.

Enquanto eu estava pensando se escreveria este livro, alguém me contou sobre um pequeno livro que apareceu recentemente na Austrália. Comprei uma cópia no *Adventist Book Center*, em Melbourne, em uma visita. Eu o li com grande interesse, tanto mais porque ecoou muitos dos meus próprios pensamentos e sentimentos. É intitulado *Why I Tray to Believe* (Porque eu tento acreditar), escrito por Nathan Brown, o líder da editora adventista na Austrália.[1] Gostei de almoçar com o autor, após uma semana depois de ler seu livro e achei interessante conversar sobre nossas respectivas jornadas espirituais.

Ryan Bell, ex-ministro da Igreja Adventista de Hollywood (EUA), que decidiu viver como ateu por um ano, escreveu o prefácio do livro de Nathan Brown. Ele não sabia onde seu projeto de ateísmo poderia levá-lo ou como poderia mudá-lo. Obviamente, não foi algo que ele pensou em um dia e então implementou no dia seguinte. Conheço apenas trechos da história pessoal de Bell, de observações feitas por pessoas que o conhecem e seguem-no no Facebook, mas suspeito que sua decisão tenha sido o clímax de um longo e doloroso processo. Até agora, alguns anos se passaram desde que Bell começou seu experimento. É claro que ele não encerrou seu experimento com o ateísmo após doze meses. Tanto quanto consegui saber à distância, parece que ele continua vivendo como ateu, desde que começou seu ano experimental.

---

1. Nathan Brown, *Why I Try to Believe: An Experiment in Faith, Life and Stubborn Hope* (Warburton, Australia: Signs Publishing, 2015).

Nathan Brown e Ryan Bell foram amigos por muitos anos. Nathan reconhece que tem muitas dúvidas, mas escolheu, muito intencionalmente, um caminho diferente do escolhido pelo seu amigo Ryan. Ele não quer abandonar a fé, mas quer tentar acreditar, apesar de suas muitas dúvidas e incertezas, e espera que sua franqueza e honestidade estimulem seus leitores a dar à fé uma nova chance em sua vida. Eu pessoalmente me beneficiei ao ler seu livro. Escrevo de um ângulo diferente, mas compartilho a mesma esperança.

Não sei o que o meu livro fará por quem o ler. Conseguirá convencer, pelo menos alguns, de que Deus ainda Se importa com eles, que ler a Palavra de Deus ainda pode inspirá-los e que a fé – por mais fraca e vacilante que seja – pode trazer a paz à sua vida? Isso ajudará pelo menos alguns a perseverar nas tentativas de acreditar? Podemos juntos explorar algumas maneiras de conviver de forma criativa e esperançosa com nossas dúvidas e questionamentos? Isso ajudará alguns leitores a se relacionar de forma nova e significativa com a igreja, apesar de momentos em que muitas das coisas que acontecem parecem totalmente irrelevantes ou mesmo erradas? Eu espero que sim. E agora que o livro está publicado, há algum tempo, me sinto muito recompensado. Parece que meu trabalho está tendo alguns efeitos positivos. Além disso, realizar este projeto foi bom para minha própria alma! Pois eu mesmo sou o alvo deste livro, tanto quanto as pessoas que acabei de descrever.

PARTE 1

Questões, Incertezas e Dúvidas

CAPÍTULO 2

Cristianismo em crise

Durante parte da minha infância, nossa família viveu a 35km ao norte de Amsterdã. A população, de pouco menos de mil habitantes, era predominantemente caucasiana. Até onde eu sei, todos os moradores da vila eram de nacionalidade holandesa. A grande maioria se autodenominava religiosa. Aqueles que não pertenciam a uma igreja eram raras exceções, e não estavam encaixados nos padrões sociais. Em média, 60% da população era protestante enquanto os outros 40% eram católicos apostólicos romanos. Estes se concentravam em uma parte da vila. Os protestantes eram divididos entre duas denominações: A Igreja Reformada Holandesa e a Igreja Cristã Reformada. As únicas anomalias eram uma senhora idosa que se tornara Testemunha de Jeová e nossa família: Adventista do Sétimo Dia. As pessoas entendiam que nós éramos protestantes de algum tipo, talvez mais parecidos com os da Igreja Cristã Reformada. Obviamente, eles perceberam que por alguma estranha razão, nós íamos a alguma igreja em uma cidade próxima, aos sábados e não aos domingos. Como a maioria das cidades menores na Holanda, nossa vila era caracterizada por um alto grau de segregação religiosa. As crianças protestantes não brincavam com os meninos e meninas católicos. Os católicos tendiam a fazer negócios com quem compartilhava a mesma fé, assim como os protestantes.

Percebo que as grandes cidades da Holanda, meu país natal, apresentavam um padrão diferente, em geral, naqueles dias não tão distantes – "quando eu ainda era jovem" – a vida social era muito mais simples e transparente do que é nos dias atuais. Por um lado, a sociedade era muito mais homogênea. Os estrangeiros eram poucos e ficavam bem distantes. Meu país era predominantemente cristão, além de poucos judeus que sobreviveram ao holocausto, e uma pequena porcentagem de ateus/incrédulos. Mesquitas e templos hindus eram praticamente desconhecidos e pessoas com pele mais escura eram exceções. Cerca de um terço da população holandesa era católica, e os demais pertenciam a meia dúzia de grandes denominações protestantes.

Isso há apenas cinquenta ou sessenta anos. Durante o período posterior, o cenário mudou drasticamente. Após influxos repetidos de grande número de imigrantes, a Holanda tornou-se uma nação extremamente miscigenada. Agora, na segunda década do século 21, 19% do total de 17 milhões de holandeses são de origem não europeia, enquanto muitos dos "europeus" podem ter origens diversas: espanhola, portuguesa, grega, húngara ou outras. 31% das pessoas continuam a professar adesão à Igreja Católica Romana, apenas 21% consideram-se protestantes – conquanto seu envolvimento com a igreja, geralmente, seja apenas nominal. Atualmente, uma a cada 25 pessoas é muçulmana na Holanda. Além das mesquitas e algumas sinagogas, as principais cidades holandesas possuem templos budistas e casas de culto para uma variedade de outras religiões não cristãs e até 40% da população é de pessoas que não se sentem mais conectadas ou adeptas a nenhuma comunidade de fé.

A MUDANÇA DO MUNDO OCIDENTAL

O que aconteceu com a Holanda, ocorreu em muitas outras partes do mundo ocidental também. As principais cidades da Europa Ocidental, dos Estados Unidos, do Canadá e da Austrália se tornaram totalmente cosmopolitas e, na maioria delas, uma grande porcentagem das pessoas é estrangeira.

O cenário religioso também mudou drasticamente no mundo ocidental. A despeito dos últimos séculos, em que os cristãos atuaram ativamente na divulgação da mensagem de Cristo "até aos confins da Terra", e centenas de pessoas aceitaram a Cristo – tanto no mundo ocidental como em outros lugares – a porcentagem de cristãos na população mundial não aumentou visivelmente. Estatísticas confiáveis apontam que, em 1900, um terço da população mundial se considerava cristã. No início do presente século, a proporção ainda era a mesma.[1]

Entretanto, embora a porcentagem global dos cristãos tenha permanecido estável, durante as últimas gerações, o cristianismo perdeu força significativa no mundo ocidental – hoje, também se faz um contraste entre as nações mais desenvolvidas do hemisfério Norte e o chamado mundo em desenvolvimento, que se concentra no hemisfério Sul. Um dos desenvolvimentos importantes na história cristã, foi a recente mudança da presença e influência cristã do Norte para o Sul. De acordo com Philip Jenkins, uma autoridade sobre tendências no mundo religioso contemporâneo, o movimento do cristianismo do Norte para o Sul é um fenômeno verdadeiramente global.[2] Apesar de um crescimento substancial, o número total de cristãos no Norte variou quase nada entre 1910 e 2010: de 502 para 509 milhões. Isso contrasta com o cristianismo no Sul: em 1910, o número era 856 milhões, enquanto um século depois subiu para 1,3 bilhão.

Os especialistas em Catolicismo Romano estimam que, em 2025, o número total de católicos na América do Norte e na Europa seja praticamente o mesmo que em 2000. Entretanto, na África, o número de católicos deve crescer nesse período de 25 anos, passando de 120 milhões para 228 milhões; na América Latina, crescerá de 461 milhões para 606 milhões e, na Ásia, de 110 milhões para 160 milhões.

Padrões similares estão claramente presentes no Adventismo do Sétimo Dia. Desde 1980, a adesão da América do Norte duplicou, enquanto na Europa aumentou em cerca de 30% – grande parte desse crescimento se deve à imigração. Note, porém, que, no mesmo período, a participação na América Central cresceu de 646 mil para mais de 3,5 milhões. Uma taxa surpreendente de crescimento também foi observada na América do Sul

---

1. Algumas agências especializadas coletam essas estatísticas. Uma boa fonte atualizada anualmente é o *International Bulletin of Missionary Research* (Boletim Internacional de Pesquisa Missionária).
2. Philip Jenkins, *The Next Christendom: The Coming of Global Christianity* (New York: Oxford University Press, 2011).

e na África, onde a adesão, em 2015, somava cinco e dez vezes, respectivamente, do que era em 1980.[1]

Talvez, até mais significativo do que as estatísticas sobre o número de cristãos no Norte são os dados sobre a frequência média à igreja. É incrivelmente difícil chegar a números confiáveis. Muitas denominações são muito relutantes em compartilhar essa informação, enquanto muitos membros da igreja tendem a exagerar no número de vezes em que eles realmente vão à igreja. Contudo os números que podem ser encontrados são bastante alarmantes. Alguns exemplos devem ser suficientes, mas eles ilustram o que está acontecendo. Com cerca de 2,5% da população frequentando a igreja regularmente, a Dinamarca possui a menor porcentagem de membros que frequentam a igreja na Europa, todavia, outros países escandinavos mostram porcentagens não muito maiores.[2] Na Polônia – um dos países mais religiosos da Europa – o número de pessoas que frequentam regularmente a missa caiu de 53%, em 1987, para menos de 40% no presente.[3] Embora as recentes ondas de imigrantes tenham aumentado um pouco os números de comparecimento à igreja no Reino Unido, a maioria dos relatórios sobre a frequência mostra apenas números de um único dígito.

Enquanto algumas pesquisas relatam que, nos Estados Unidos, cerca de 40% de todos os americanos ainda frequentam a igreja, outros relatórios indicam que a porcentagem provavelmente é menos da metade desse número.[4] Uma porcentagem muito menor se aplica à Austrália. Ao mesmo tempo, o número de indivíduos no mundo ocidental que se declaram abertamente serem ateus ou agnósticos está crescendo rapidamente. A *Gallup International* realizou uma pesquisa, em 2012, e descobriu que

---

1. Escritório de Arquivos e Estatísticas: https://www.adventistarchives.org para os relatórios estatísticos anuais a partir dos quais esses dados foram extraídos.
2. https://viaintegra.wordpress.com/european-church-attendance/
3. http://worldnews.nbcnews.com/_news/2013/03/05/17184588
4. http://www.churchleaders.com/pastors/pastor-articles/139575-7-startling-facts-an-up-close-look-at-church-attendance-in-america.html

em cinquenta e sete países, no mínimo, treze por cento dos entrevistados disseram que eram "ateus convictos". Uma porcentagem semelhante surgiu de uma pesquisa em sessenta e cinco países em 2015.¹

A MUDANÇA FUNDAMENTAL

O mundo em que vivemos sofreu drásticas mudanças fundamentais. Sem nenhum exagero, é possível afirmar que o mundo – o ocidental, em particular – mudou para uma nova era. Em termos utilizados recentemente, a modernidade deu lugar à pós-modernidade. Muitos argumentam que, no mundo ocidental, já estamos vivendo o pós-pós-modernismo – ou qualquer outro termo que possamos utilizar. Porém acredito firmemente, que pelo menos alguns aspectos proeminentes da visão de mundo pós-moderna ainda são muito dominantes.

Há inúmeros livros que traçam as principais características da sociedade pós-moderna. Os interessados em prosseguir com mais profundidade devem ler sobre o assunto.² Entre os aspectos que tiveram o maior impacto no cristianismo, podemos destacar a recusa pós-moderna de acreditar em absolutos. Todos nós, dizem os pós-modernos, temos verdades próprias e a ideia de verdade absoluta é insustentável. Comunidades e culturas têm seus próprios "jogos de linguagem" e suas próprias formas de atuação. Tudo é subjetivo, relativo, incerto, preliminar e ambíguo.

Um fato extremamente importante dentro do contexto que discutiremos neste livro é que o pós-moderno tem uma forte aversão às *instituições religiosas* com as suas estruturas hierárquicas de poder, credos inflexíveis e doutrinas que são definidas de forma concreta e que devem ser respeitadas. Essa relutância em se envolver com uma organização religiosa ou não – nada mais é que uma hesitação em se comprometer de forma profunda e duradoura. Isso afeta fortemente a viabilidade de

---

1. https://en.wikipedia.org/wiki/Demographics_of_atheism.
2. Veja meu e-book que pode ser baixado da Amazon.com: *Present Truth Revisited: An Adventist Perspective on Postmodernism*, 2014.

clubes e associações, mas também de relacionamentos pessoais e atividades sustentadas pela igreja. Além disso, os crentes pós-modernos querem escolher. Eles abraçam as coisas com as quais concordam, mas descartam doutrinas e tradições religiosas que não, ou não mais, apelam a eles. No entanto, a pessoa pós-moderna está aberta à espiritualidade. O mistério é normal. Uma abordagem não racional às questões da vida é popular. A ênfase mudou da *verdade* religiosa que é codificada na doutrina para a *experiência* pessoal.

Rapidamente, é detectada a abordagem pós-moderna de muitos povos "ocidentais" à religião e à igreja. As declarações absolutas sobre a verdade são em grande parte substituídas por "o que funciona para mim", e muitos estudiosos da Bíblia afirmam que existem tantas maneiras legítimas de interpretar a Bíblia quanto há leitores. No mundo ocidental, o cristianismo tornou-se apenas uma opção religiosa entre uma série de religiões do mundo – todas são consideradas igualmente válidas, mas, historicamente e culturalmente condicionadas às respostas particulares do ser humano ao misterioso além.

UM POUCO DE HISTÓRIA

É importante entender as características do mundo em que hoje vivemos, e de qual sociedade somos parte, mas também é essencial conhecer um pouco de história. John Michael Crichton (1942-2008), autor americano de livros de ficção científica e produtor de filmes e programas de televisão, citou o professor Johnston (um personagem em seu livro *Timeline*) dizendo: "Se você não conhece a história, você não sabe nada. Você é uma folha que não sabe que era parte de uma árvore".[1] Essa obviedade se aplica a todas as esferas da vida, e certamente também ao domínio da religião e da igreja. Só é possível falar com sensibilidade sobre assuntos religiosos e sobre tendências atuais na vida religiosa e na igreja se pudermos organizar as coisas em algum quadro

---

1. http://www.brainyquote.com/quotes/topics/topic_history.html#GxsDIcsLvCTD3HqI.99

histórico. Compreender o que está acontecendo na igreja atualmente é impossível, sem saber algo sobre sua história, suas experiências passadas, seus altos e baixos. Admirar o que está ocorrendo em nossos dias no mundo religioso e entender algo sobre as novas maneiras pelas quais a religião é praticada e experimentada por um grande número de pessoas no mundo ocidental do século 21 exige pelo menos um pouco de conhecimento da história da igreja.

Da mesma forma, para os Adventistas do Sétimo Dia, entender as tendências atuais em sua igreja e a forma como muitos membros reagem a esses desenvolvimentos, pressupõe a consciência de como sua denominação se encaixa na cena mais ampla do cristianismo e, em particular, no protestantismo. Lidar com as questões propostas neste livro exige algum conhecimento da origem e desenvolvimento do adventismo, mas também do passado do cristianismo e do contexto do clima religioso geral no mundo pós-moderno atual.

UMA MISCELÂNEA

A história do cristianismo nos apresenta uma grande mistura de fenômenos e eventos. O Novo Testamento retrata a jovem igreja como uma comunidade vibrante que se espalhou em poucas décadas para muitas partes do Oriente Médio e da Europa, e ainda mais, para a Ásia e a África. Esse crescimento fenomenal da igreja não ocorreu sem problemas ou desafios. E, embora as palavras de Paulo devam ser entendidas como um exagero literário, elas indicam que ocorreu algo extraordinário. Ele escreve à igreja em Colossos que o evangelho já havia sido proclamado "a toda criatura debaixo do céu" (Colossenses 1:23).

Nos próximos séculos, o forte crescimento da igreja continuou. A teologia cristã desenvolveu-se – em parte por causa das muitas ideias estranhas que surgiram e precisavam ser corrigidas, e também por causa das inúmeras questões que precisavam de respostas. Os escritores dos primeiros documentos cristãos do segundo e terceiro séculos, e os chamados "pais da igreja" dos séculos que se seguiram, deram estrutura à teologia e organização da igreja. Chegou-se a um acordo sobre quais escritos deveriam ser aceitos como escrituras "inspiradas". As doutrinas cristãs básicas, sobre a natureza de Deus; o mistério da Trindade; o modo como a divindade e a humanidade de Cristo se uniram em uma única pessoa; a personalidade do Espírito Santo e sobre a base da nossa salvação, foram então estabelecidas. Surgiram, em vários lugares, líderes fortes e alguns centros cristãos que ganharam prestígio e autoridade – destacando-se o de Roma.

A igreja entrou em uma nova fase em sua história quando, no século quarto, o imperador romano Constantino decidiu dar ao cristianismo um *status* privilegiado em seu império. O futuro demonstraria que esse foi um presente duvidoso. Permitiu que a igreja se expandisse ainda mais sem temer os períodos de perseguições que anteriormente custaram tantas vidas e causaram tantas dificuldades. Mas também ligou cada vez mais a igreja à política mundana com todas as suas consequências negativas.

Ao longo do tempo, a igreja medieval se desenvolveu tendo o bispo de Roma uma posição proeminente, resultando no crescimento do papado como o centro de autoridade mais prestigiado. Em muitos lugares, a pureza do evangelho de Cristo foi diluída em uma mistura desagradável de fé autêntica e superstição pagã. À medida que os povos "pagãos" eram convertidos, muitas vezes por força externa e não pela convicção interior, muitas ideias e práticas não cristãs entraram na igreja. Ao mesmo tempo, os teólogos eram muitas vezes, indevidamente influenciados pelos escritos de filósofos não cristãos da era clássica – cuja influência pode ser detectada até mesmo na teologia atual. Os líderes da Igreja costumavam estar mais preocupados com a aquisição de poder e riqueza, e em lutar suas batalhas por mais influência política, do que oferecer boa atenção pastoral e instrução religiosa sólida às pessoas confiadas aos seus cuidados. A imoralidade e a intriga política frequentemente obscureciam ou substituíam o desejo de ser um verdadeiro discípulo.

Com o tempo, esse triste estado de coisas inspirou o surgimento de vários movimentos de reforma, liderados por homens tão corajosos como John Wycliffe e Jan Hus (também conhecido como John Huss) e todo o processo de "reforma" da igreja no século 16. Essa reforma não só trouxe uma redescoberta do fato glorioso de que somos salvos pela graça, em vez de por nossas próprias obras, ou pela intervenção de um clero sacerdotal ou mesmo pelo pagamento de dinheiro. Ela também devolveu a Bíblia às pessoas comuns, e protestou (daí o nome protestantes) contra inúmeros abusos e ensinamentos errados que estavam infiltrados na igreja. Nem todos os reformadores eram igualmente radicais e, em retrospectiva, deve ser reconhecido que muitos aspectos que também necessitavam de reformas foram minimizados ou ignorados. E nos séculos que se seguiram, muitas vezes não se percebeu suficientemente que a igreja sempre deve continuar no caminho da restauração dos ensinamentos de Cristo. Como Martinho Lutero afirmou, a igreja é uma *semper reformanda* – sempre precisa de novas reformas.

Embora a igreja de Roma também tenha percebido que eram necessárias mudanças, e algumas foram efetivamente realizadas durante a chamada Contra Reforma, a fenda profunda entre o catolicismo e o protestantismo se tornou uma realidade decisiva no cristianismo – após um cisma anterior (1054) que causara uma divisão permanente entre as igrejas "ortodoxas" do Oriente e a igreja do Ocidente.

O catolicismo romano foi bastante bem-sucedido em manter sua grande variedade de experiências e instituições, como, por exemplo, a ampla gama de ordens monásticas, sob seu guarda-chuva eclesiástico. A igreja de Roma viveu períodos de força, mas também tempos de declínio e relativa fraqueza. Tragicamente, desde o início, o mundo protestante jamais se mostrou como uma frente unida. O luteranismo e o calvinismo se desenvolveram ao longo de diferentes caminhos, e a fragmentação do cristianismo protestante em numerosas "denominações" continuou, desde então, apesar de alguns sucessos na reunificação que resultaram de esforços ecumênicos.

Apesar de todas as diferenças teológicas e sua grande diversidade em questões de governança e práticas, as diferentes denominações protestantes podem ser classificadas como pertencentes a algumas correntes principais: as igrejas tradicionais "conservadoras", as igrejas tradicionais mais "liberais", o evangelicalismo e, mais recentemente, um pentecostalismo em rápida expansão. Períodos de declínio e de letargia espiritual tendiam a ser seguidos por ondas de reavivamento e explosões de atividade missionária. Estes caracterizaram grande parte dos desenvolvimentos no protestantismo do século 19. O adventismo saiu de um dos principais movimentos de reavivamento dos Estados Unidos, em meados do século 19. As atividades de Guilherme Miller (1782-1849) foram uma parte importante da fase final do Segundo Grande Reavivamento do cristianismo americano. A Igreja Adventista do Sétimo Dia superou suas origens mileritas, mas jamais perdeu seu caráter americano e ainda mostra muitos vestígios do meio em que se originou e se desenvolveu.

No século 20, e nos primeiros anos do século 21, o cristianismo continua a inspirar milhões de pessoas ao redor do mundo. O cristianismo organizado ainda oferece uma fascinante variedade de ideias, atividades e serviços. A missão ainda é um empreendimento muito importante, como mostram estatísticas sobre o número de organizações missionárias, seus orçamentos e o número de pessoas envolvidas. Mas isso é apenas parte da história. O cristianismo deve competir cada vez mais com outras visões de mundo – religiosas e não religiosas – mesmo nas áreas geográficas em que sua base de poder era antes incontestável. Um processo rápido e minucioso de secularização e o surgimento de uma sutil – e às vezes não tão sutil – cultura pós-moderna, tornou-se o desafio principal para a fé cristã e para as organizações e instituições eclesiásticas. Todos esses fatores afetaram o Adventismo em mais pontos do que muitos de seus líderes, bem como frequentadores e membros, percebem ou querem admitir.

Este breve esboço de uma história de vinte séculos é, claro, não só muito superficial e incompleto, mas também não faz jus aos muitos fenômenos, ideias e personalidades que fizeram parte dessa história. É importante notar que as histórias sobre os períodos mais sombrios do passado cristão, os escândalos dos Borgias, as crueldades da Inquisição, os abusos de simonia.[1]

---

1. Simonia é o termo que define as pessoas que procuram conseguir, para si ou um parente, um cargo a troco de dinheiro. A palavra tem origem na história de Atos 8.

CAPÍTULO 3

Tendências recentes do adventismo

A maioria dos Adventistas do Sétimo Dia que estudaram a história do movimento reconhecem com gratidão as muitas coisas maravilhosas e inspiradoras no passado. Há muitas razões para se maravilhar com o crescimento da Igreja Adventista, de um punhado de homens e mulheres desapontados em uma área rural no nordeste dos Estados Unidos – que foram iludidos com a expectativa do retorno de Jesus Cristo em 1844 – tornou-se uma igreja de mais de 20 milhões de membros batizados, com presença em mais de 200 países. Entretanto, os anais da história adventista também contêm páginas sombrias e não apresentam uma imagem coerente de decisões sábias, discernimento teológico, verdadeiro sacrifício e compromisso genuíno. Tivemos desagradáveis lutas doutrinárias e intensas batalhas pelo poder. A igreja tem sido bem-sucedida, mas, algumas vezes, grandes iniciativas tiveram que ser abortadas, e noutras nem todas as instituições floresceram ou sobreviveram.

Abaixo, analisaremos alguns desses pontos com mais detalhes. Contudo gostaria de deixar claro que, quando digo algumas coisas negativas sobre o cristianismo em geral, não é porque desisti da fé cristã ou que não mais subscrevo seus valores. E quando critico minha própria igreja, não é porque eu tenho um machado para cortar, ou porque fui maltratado pelas organizações empregadoras da igreja e estou procurando uma chance de me vingar. Minha igreja é querida para mim e tenho um grande respeito por muitos dos seus líderes – do passado e do presente. A maior parte da minha rede social está na igreja. Trabalhei para a igreja durante toda a minha vida profissional e, em geral, a igreja tem sido boa para mim. Tive muitas tarefas interessantes e satisfatórias e a oportunidade de viajar para mais de oitenta países. Como aposentado, ainda gosto dos convites regulares para encontros educacionais, e ainda aprecio muito pregar.

Tudo isso não significa, no entanto, que esteja feliz com tudo o que acontece em minha igreja e que concorde plenamente com todas as coisas que ela diz oficialmente. Percebo as lutas de muitas pessoas que conheço, enquanto visito igrejas no meu país e falo com vários membros, e, também ao ler os e-mails e as respostas ao que escrevi em artigos, livros e em meus blogs semanais – manifestações de pessoas de todo o mundo, mas especialmente de irmãos na Europa Ocidental e nos Estados Unidos. Portanto, vou ter que discutir essas questões preocupantes com alguma extensão nas páginas que se seguem. Faço isso porque amo minha igreja e realmente me importo com as pessoas que têm dúvidas e lutam e, em muitos casos, estão nas margens da igreja – insatisfeitos ou a ponto de abandonar a fé.

Acredito que a crise atual no adventismo não pode ser entendida de maneira correta se for analisada isoladamente da crise em muitas igrejas cristãs no mundo ocidental e do que aconteceu com a religião e a fé nas últimas décadas. E quando me refiro ao passado da igreja cristã, em geral, e à Igreja Adventista do Sétimo Dia, em particular, é porque estou absolutamente convencido de que devemos aprender com experiências passadas. Isso, acredito, pode fortalecer nossa confiança de que, de uma maneira ou de outra, as coisas se ajustarão. Eventos e personalidades do passado inspiraram a muitos e os ajudaram a encontrar coragem para continuar no presente. Mas também houve erros, decisões infelizes e declarações lamentáveis que podem servir como aulas dolorosas para o presente e o futuro. Perceber isso nos dará, com sorte, a determinação de agir para a mudança e olhar a nossa fé com maior profundidade. George Santayana (1863-1952), um filósofo americano, disse uma vez: "Aqueles que não se lembram do passado estão condenados a repeti-lo."

A FORÇA DO ADVENTISMO

Durante a minha adolescência (e algum tempo depois dela), os membros da Igreja Adventista na Holanda eram convidados a participar de uma campanha anual para solicitar dinheiro para missões adventistas. Os regulamentos governamentais não nos permitiam pedir doações diretamente às pessoas. Tínhamos que vender uma revista especialmente preparada, e com um preço fixo. Claro, se as pessoas desejassem pagar mais pela revista, não as impediríamos de fazê-lo, mas a venda de revistas era a base para a nossa campanha chamada de "Recolta". Na maioria dos anos eu participava e contribuía, ainda que com entusiasmo limitado. Mais tarde, quando eu estava perto dos quarenta anos, atuei como editor dessa publicação anual. Devo admitir que naquela época, eu confiava em outros para ir de porta em porta a fim de vender meu produto editorial.

Menciono isso porque uma das características mais importantes da revista era a página com um relatório estatístico que destacava as realizações das Missões Adventistas. Os adventistas estavam trabalhando em muitos países do mundo, publicando livros em centenas de línguas e pregando o evangelho através de muitas estações de rádio. Especial atenção era dedicada à vasta rede de milhares de escolas adventistas para educação fundamental, ensino médio e superior, e às centenas de hospitais, clínicas e instituições beneficentes em todo o mundo. Aqueles que iam vender a revista nunca deixavam de chamar a atenção das pessoas para essas maravilhosas estatísticas e depois sublinhavam que ao comprar a revista, o comprador apoiaria esse magnífico esforço para servir à humanidade.

Quando eu estava na minha adolescência, a Igreja Adventista tinha passado a marca de um milhão de membros. Embora o adventismo das décadas de 1950 e 1960 fosse muito menor do que é hoje, eu sentia um certo orgulho em fazer parte dessa vasta organização mundial. E mesmo hoje, quando viajo, sempre me emociono quando descubro repentinamente o nome Adventista do Sétimo Dia na fachada de um prédio. Em alguns países, as chances de ver isso são bastante pequenas, mas em outros, o nome é exibido de forma proeminente em muitos lugares.

O sentimento de pertencer a algo grande ainda me faz sentir bem, e sei que compartilho esse sentimento com muitos dos meus colegas e amigos adventistas.

Contudo não havia apenas uma sensação de orgulho. Em um passado não tão distante, em muitos países ocidentais, o adventismo era frequentemente visto como uma seita estrangeira (ou seja, americana). Líderes de outras denominações se perguntavam abertamente se os adventistas eram de fato cristãos. Infelizmente, quando as pessoas sabiam algo sobre os adventistas, muitas vezes era apenas sobre as coisas que os adventistas eram "proibidos" de fazer. Nosso perfil público era extremamente pobre: nós éramos mais conhecidos pelo que não fazíamos, do que pelos ideais que abraçávamos. Havia exceções positivas. Quando viajavam para o exterior, algumas pessoas eram atendidas em um Hospital Adventista e obtinham uma impressão favorável do adventismo, e alguns trabalhavam com um colega adventista que vivia sua fé de forma positiva.

Anos atrás, quando nossa família se mudou para uma cidade nova, minha esposa disse à nossa vizinha que éramos Adventistas do Sétimo Dia. "Ah, não, de novo!", exclamou ela. Essa senhora havia morado no Canadá ao lado de uma família adventista que, durante anos, tentou incessantemente "convertê-la", e ela não queria repetir essa situação. Felizmente, ao longo do tempo, minha esposa desenvolveu um bom relacionamento com essa vizinha. Quando nos mudamos para o nosso endereço atual, nossos vizinhos mais próximos, felizmente, reagiram de forma bastante diferente. Esses haviam morado na Suíça perto de adventistas que tinham sido muito agradáveis e para quem não tinham senão elogios.

A reputação de nossa igreja no microcosmo em que vivemos depende muito de como formatamos nossa fé e de nossas habilidades sociais para interagir com pessoas de outras religiões ou sem fé. Porém na sociedade, em geral, as coisas são diferentes. Tem sido uma batalha árdua, em muitos países, para que a Igreja Adventista tenha uma reputação positiva. Gradualmente, nosso perfil público tem melhorado um pouco. Muitos líderes e teólogos da igreja se convenceram de que, apesar de algumas peculiaridades, os adventistas são cristãos protestantes de boa fé e podem ser aceitos e merecem confiança como parceiros em atividades interculturais. À medida que mais e mais adventistas têm ganho respeito em suas atividades profissionais e revelam de forma positiva seu compromisso com a fé adventista e a comunidade de fé, o adventismo tem se tornado menos estranho e censurável aos olhos de muitos. Eu, pessoalmente, tive o prazer de interagir com muitos representantes de outras denominações e com teólogos de diferentes origens no mundo acadêmico. Conforme os anos passavam, minha convicção religiosa deixou de ser uma barreira frequente. O fato de que, em muitos países, a Igreja Adventista – apesar de enfrentar as ferozes objeções de um núcleo rígido de membros conservadores contra vínculos com outros cristãos – entrou em algum tipo de relacionamento com conselhos nacionais de igrejas ou associações similares e isso também ajudou a remover muitas suspeitas e relutâncias em relação a nós.

Hoje em dia, grande parte dos pastores adventistas são, consideravelmente, melhor preparados do que seus colegas das gerações anteriores, e muitos também estudaram em universidades não adventistas. Isso não só os ajudou a se tornarem profissionais em seu trabalho, mas também lhes deu mais autoconfiança em relação às suas congregações e na sua interação com parceiros e autoridades públicas. Descobri que minha credibilidade como pastor, autor e administrador da igreja era muitas vezes afetada positivamente, inclusive em momentos críticos, pelo fato de ter um diploma de uma universidade britânica respeitável. Isso me ajudou em circunstâncias cruciais, a ser aceito em igualdade de condições com meus colegas de outras religiões e outros profissionais. Vários colégios adventistas onde nossos pastores são formados, evoluíram de escolas bíblicas não credenciadas para instituições com *status* de universidade, reconhecidas e respeitadas. Isso também tem sido um fator na crescente respeitabilidade da Igreja Adventista em nossa sociedade.

A INVEJA DE OUTROS

Não é exagero dizer que a Igreja Adventista desenvolveu uma organização incrivelmente forte. Sua força organizacional não é apenas visível em sua estrutura de quatro níveis: (1) Associação Geral/Divisões; (2) Uniões; (3) Associações e; (4) Igrejas locais. Normas detalhadas foram desenvolvidas para o bom funcionamento da maquinaria eclesiástica, com procedimentos eleitorais claros para a escolha dos líderes; regras estabelecidas para a atuação das várias unidades da igreja; com direitos e privilégios cuidadosamente definidos nos círculos eleitorais dos vários níveis. Líderes de outras denominações muitas vezes expressaram sua admiração – ou mesmo sua inveja – pela forma como a Igreja Adventista é organizada.

Ainda que outras denominações possam movimentar mais dinheiro, não há como negar que a organização adventista tem uma base financeira sólida. A renda anual da igreja mundial é de mais de 3,3 bilhões de dólares norte-americanos. Isso inclui dízimos e ofertas, mas não contempla a operação financeira – muito maior – das instituições da igreja.[1]

A Igreja Adventista permaneceu notavelmente unida, enquanto o protestantismo, em geral, tornou-se terrivelmente fragmentado. Ninguém sabe exatamente quantas denominações cristãs existem no mundo. Muitas delas são bem pequenas, mas algumas igrejas (por exemplo, na África) desconhecidas para a maioria de nós, que têm milhões de membros. Uma fonte informa que os Estados Unidos possuem atualmente mais de 1.500 organizações religiosas e que a cada dia nascem três novas denominações.[2] O protestantismo americano experimentou uma maior proliferação do que talvez seja vista em qualquer outro lugar. Se você quer uma boa visão geral da cena religiosa americana, abra uma edição recente do livro *Handbook of Denominations in the United States* (de Frank S. Mead), que fornece uma descrição útil de mais de 200 grandes corpos religiosos nos Estados Unidos.[3]

---

1. http://docs.adventistarchives.org/docs/ASR/ASR2014.pdf#view=fit
2. David F. Wells, *Above Earthly Powers: Christ in a Postmodern World* (Grand Rapids, MI: Wm. B. Eerdmans, 2005), p. 108, 109.
3. Frank S. Mead, *Handbook of Denominations in the United States* (13th edition; Nashville, TN: Abingdon Press, 2010).

Ao longo dos anos, alguns grupos deixaram a Igreja Adventista e formaram seus próprios movimentos. Também houve dissidentes que atraíram simpatizantes e que escreveram livros, mas não organizaram movimento separado. Alguns exemplos proeminentes foram J.H. Kellogg, Dudley M. Canright, Ludwig R. Conradi, A.T. Jones, E.J. Waggoner e A.F. Ballenger. Alguns pequenos movimentos que foram um pouco mais organizados incluíram: o Movimento da "Carne Santa", Shepherd's Rod, o notório Ramo Davidiano e os grupos em torno de Robert Brinsmead.[1] A divisão mais importante ocorreu quando o Movimento de Reforma Adventista do Sétimo Dia se separou do principal corpo adventista como resultado de controvérsias sobre a participação na Primeira Guerra Mundial. Esse grupo se organizou como uma denominação independente que atualmente possui cerca de 40 mil membros em mais de 130 países. Além dessa trágica separação, alguns outros pequenos grupos viraram as costas para a Igreja Adventista. Porém, olhando para trás, é realmente surpreendente ver quão fortemente o adventismo permaneceu unido. Compare isso, por exemplo, com o movimento Batista. A Aliança Mundial Batista relata que compreende 228 organizações batistas diferentes.[2] E nem todas as denominações batistas são membros dessa Aliança. Muitas têm uma organização nacional ou regional separada e representam uma ampla gama de opiniões teológicas, desde um tanto liberal a extremamente fundamentalista. Em geral, pode-se dizer que a Igreja Adventista, de fato, permaneceu extraordinariamente unida.

DESENVOLVENDO UMA TEOLOGIA MADURA

A teologia Adventista do Sétimo Dia mudou significativamente ao longo dos anos. O historiador adventista, George R. Knight, declarou que Tiago White, um dos fundadores da igreja, não teria reconhecido muitas crenças adventistas atuais como doutrinas

---

1. Veja Richard W. Schwartz and Floyd Greenleaf, *Light Bearers: A History of the Seventh-day Adventist Church* (Nampa, ID: Pacific Press, 2000 rev. ed.), p. 615-625.
2. http://www.bwanet.org

de sua denominação e talvez nem quisesse ser membro da Igreja Adventista de hoje.[1] O desenvolvimento das crenças adventistas é um tema fascinante que não podemos abordar com tantos detalhes neste livro. Algumas observações, no entanto, devem ser suficientes. É importante enfatizar que o pacote completo de vinte e oito crenças fundamentais não caiu do céu, no início da história adventista. O pensamento teológico adventista contemporâneo é resultado de um desenvolvimento longo e gradual. Começou com pessoas com antecedentes em diferentes movimentos protestantes, que sofreram uma grande decepção quando sua expectativa de retorno de Cristo permaneceu insatisfeita. Dentro de alguns anos, esses pioneiros chegaram a um amplo consenso em relação a vários pontos – como, por exemplo, o sábado e uma explicação para a desapontamento de 1844. Formularam uma "doutrina do santuário" e reconheceram que "o dom da profecia" se manifestava no meio deles. Pouco tempo depois, também aceitaram a visão da morte como um "sono" e negaram que tenhamos uma alma imortal que vai ao Céu imediatamente após a morte. Mais tarde, concordaram que a missão mundial deles era: todas as pessoas tinham que ser avisadas sobre o fim e tinham de ser confrontadas com a mensagem final de Deus a respeito do julgamento iminente. Porém, várias outras doutrinas foram cristalizadas apenas à medida que as décadas se passaram.

    Grande parte do adventismo em seu período inicial era bastante legalista. Uma importante reunião em 1888 abordou essa questão, mas o legalismo permaneceu como um desafio contínuo. Entretanto, a teologia oficial da igreja, a partir de então, passou a enfatizar cada vez mais que a salvação não é através de obras humanas, mas resulta apenas da fé no sacrifício de Cristo pela humanidade. No século 20 – e particularmente a partir da década de 1960 – as doutrinas cristãs básicas, como as relativas à Trindade, as naturezas de Cristo, a personalidade do Espírito Santo e a expiação, receberam muito mais atenção do que antes,

---

1. George R. Knight, *A Search for Identity: The Development of Seventh-day Adventist Beliefs* (Hagerstown, MD: Review and Herald, 2000), p. 17-21.

quando o foco tinha sido quase exclusivamente sobre os aspectos peculiares da doutrina adventista. Ao discutir o crescimento e a força do adventismo, é importante se lembrar desse amadurecimento gradual do pensamento teológico adventista.

ADVENTISMO EM CRISE?

Mas nem tudo são flores na Igreja Adventista. Longe disso. Muitos sentem que os desenvolvimentos recentes no adventismo indicam que hoje a unidade da igreja está em grande perigo. Seria esse o caso? Poderia ser que o adventismo – em particular no Ocidente – está condenado a encolher e finalmente desaparecer? Em caso afirmativo, isso se deve principalmente ao mal-estar geral no cristianismo ocidental, ou existem razões específicas pelas quais o adventismo (pelo menos em partes do mundo ocidental) pode não sobreviver? Calma, não diga com tanta pressa que o Senhor impedirá o desaparecimento da Igreja Adventista. Isso já ocorreu antes, quando as igrejas cristãs diminuíram e desapareceram completamente.

Muitas vezes foi sugerido que as igrejas cristãs são organizações sociais que passam por um ciclo previsível. Um modelo bem conhecido é o do sociólogo da religião David O. Moberg (nascido em 1922).[1] Ele sugeriu que as organizações religiosas normalmente passam por cinco estágios consecutivos. Na primeira etapa, a nova organização é iniciada devido à insatisfação com as organizações existentes. Algumas pessoas se juntam. Algumas ideias novas emergem quando essas pessoas se encontram e compartilham suas ideias e atraem indivíduos semelhantes. Nesse ponto, a liderança é principalmente de natureza informal e carismática. No segundo estágio, a organização adquire uma estrutura organizacional mais definida. Os objetivos e ideias são esclarecidos e um consenso é alcançado em relação a normas e valores. Essa etapa é caracterizada por fortes atividades de recrutamento. Então, na terceira etapa, a organização crescente atinge um estado de máxima eficiência com muitas atividades inovadoras. A liderança tende a tornar-se mais

---

1. David O. Moberg, *Church as Social Institution* (Upper Saddle River, NJ.: Prentice Hall, 1962; revised 1984).

racional, e não mais carismática. A organização gradualmente se torna mais centralizada e recebe o reconhecimento da sociedade.

O estágio quatro é muitas vezes marcado por uma crescente institucionalização, geralmente com uma burocracia encorpada. Normas e valores tornam-se menos distintos, e os membros tendem a se tornar cada vez mais passivos. A fase final vê o início da desintegração. A organização sofre de formalismo, burocracia ou coisas piores. As estruturas administrativas já não se conectam às questões e necessidades reais da comunidade. As pessoas perdem a confiança em seus líderes e novos grupos marginais tendem a se formar. Isso, de fato, anuncia o início do fim do movimento.

Se houver alguma validade nesse modelo – e acho que há – levanta a questão importante em qual estágio está atualmente a Igreja Adventista no mundo ocidental. Alguns podem dizer que ainda estamos no estágio três. Isso pode ser verdade para a igreja em partes do hemisfério Sul. No entanto, eu suspeito que a maioria daqueles que vivem no mundo ocidental, e que tenha refletido cuidadosamente sobre o assunto, concordará que provavelmente estamos no estágio quatro, ou mesmo já no cinco. Se assim for, não precisamos necessariamente entender isso como uma profecia incondicional, ou como nosso destino inescapável, mas, pelo menos, é um solene aviso de que estamos em uma crise séria e que algumas mudanças drásticas são necessárias para corrigir o rumo. Acredito no que o bispo anglicano John Shelby Spong disse a respeito da igreja cristã em geral – que "deve mudar ou vai morrer" – definitivamente também se aplica ao adventismo no mundo ocidental.[1]

DESCONFIANÇA SOBRE A IGREJA INSTITUCIONALIZADA

Daqui a uma década ou mais, quando os historiadores adventistas analisarem o desenvolvimento da igreja, talvez apontem para a Assembleia da Associação Geral, ocorrida em San Antonio (Texas, EUA) em 2015, como o momento em que algumas tendências

---

1. Cf. o próprio título do seu livro: *Why Christianity Must Change or Die* (San Francisco, CA: HarperCollins, 1998).

infelizes se tornaram muito mais visíveis do que jamais foram.[1] Quando foi perguntado a respeito de suas impressões sobre essas reuniões, nas quais cerca de 2.500 delegados de todo o mundo se reuniram para eleger líderes e tomar decisões que afetam o futuro de sua igreja, um professor de universidade adventista referiu-se a algumas mudanças importantes que ele havia notado. Ficou bastante claro, disse ele, que o Sul se tornou mais consciente de sua potencial influência e se mostrou mais disposto do que no passado a usar sua força numérica para anular os desejos do Norte. Ele também apontou para alguns outros desdobramentos. Notou uma mudança de um toque espiritual para uma atmosfera mais política e um movimento teológico deslocando-se do "centro" para a "direita". Parecia-lhe que as discussões sobre mudanças no Manual da Igreja indicavam que esse documento importante está gradualmente se tornando prescritivo do que deve ser seguido, ao invés de descritivo de uma maneira comum de lidar com assuntos organizacionais na igreja local. Além disso, ele sentiu que o extenso debate sobre as mudanças nas "Crenças Fundamentais" manifestou uma tendência maior para o credo. Observou ele ainda que o papel do presidente da denominação estava se tornando cada vez mais "imperial".[2] Voltaremos a essas várias "mudanças" em páginas posteriores, mas primeiro examinaremos as preocupações de muitos sobre a maneira pela qual a maquinaria da igreja tende a operar nos dias de hoje.

O modelo organizacional da Igreja Adventista é uma mistura de elementos que foram herdados de diferentes tradições. A insistência na separação entre a Igreja e o Estado vem da tradição da "igreja livre" que está enraizada na Reforma Radical e foi

---

1. Algumas das observações nos parágrafos a seguir refletem as palestras que realizei na AWA (alemã) *(Adventistischer Wissenschaftlicher Arbeitskreis)*— uma organização não muito diferente das associações de fóruns que existem nos Estados Unidos – de 2 a 4 de outubro de 2015, em Eisenach, Alemanha.
2. Gravação do áudio da apresentação de Gilbert Valentine, em 25 de julho de 2015, em Glendale, CA, no Fórum da ASD: http://spectrummagazine.org/sites/default/files/LApercent20Forumpercent20-percent20Gilpercent20Valentine.mp3.

transplantada para os Estados Unidos, onde se tornou a norma e não a exceção. O adventismo adotou elementos organizacionais do calvinismo, bem como do luteranismo, logo depois do metodismo e do movimento da conexão cristã, aos quais pertenciam alguns líderes-chave no primeiro movimento adventista.[1] A terminologia das "Divisões" e da "Associação Geral" vem da forte influência metodista. Ao mesmo tempo, a estrutura de quatro níveis da igreja – Associação Geral/Divisões, União, Associações e Igrejas Locais – assumiu uma natureza claramente hierárquica com um sabor católico romano. E, quer nos agrade ou não, o sistema político americano também deixou sua marca indelével no modo como a Igreja Adventista é organizada. Ele deu à igreja uma forma presidencial de liderança, mas infelizmente nem sempre com um equilíbrio de poder adequado.

Para a mente europeia, o sistema presidencial parece indesejável. Nenhum chefe de estado ou primeiro-ministro europeu (como, por exemplo, na Alemanha, Reino Unido ou mesmo na França) tem o mesmo tipo de poder executivo amplo e pode mudar e determinar a direção do país da mesma forma que pode um presidente americano. Igualmente, na igreja na Europa, líderes de Associações e de Uniões são, antes de tudo, líderes de equipe. Os presidentes presidem as reuniões, propõem iniciativas, mas devem sempre garantir que tenham o apoio de suas comissões e ter cuidado com a forma como apresentam suas próprias iniciativas. Eu já atuei como presidente da União no meu país. Acredito que eu tinha a confiança e o respeito da maioria dos obreiros e membros da igreja, mas sempre estive consciente do fato de que meus "poderes" eram limitados, e eu sabia quando me abster de pressioná-los com minhas próprias ideias – por mais brilhantes que às vezes eu pensava que eram.

Incomoda a mim e a muitos na Europa, mas também em outros lugares do mundo ocidental e talvez até além disso – e mesmo nos Estados Unidos – que os presidentes das entidades da

---

1. Grafias alternativas também são frequentemente utilizadas: *Christian Connexion* ou *Christian Connexxion*.

igreja em muitas partes do mundo têm poder desproporcional e podem, em grande medida, determinar a agenda da igreja durante o período em que estão no cargo. Isto é, particularmente, verdadeiro para a forma como o presidente da igreja mundial pode influenciar a direção de toda a denominação. Neste ponto, um pouco de história pode ser de novo útil, pois ilustra como os presidentes recentes da Associação Geral colocaram o seu carimbo nos períodos durante os quais ocuparam a presidência.

OS CINCO PRESIDENTES DA IGREJA

Reuben Figuhr (1893-1986) liderou a Igreja Adventista de 1954 a 1966. Os historiadores adventistas caracterizam o período de sua presidência como de estabilidade e abertura. Figuhr estava muito menos preocupado com a influência das tendências "modernas" e "liberais" do que o seu sucessor. Dois grandes projetos são a prova da vontade da igreja de quebrar novos fundamentos teológicos (ou, pelo menos, permitir isso): a preparação do controverso livro *Questões sobre Doutrina*[1] e os sete volumes do *Comentário Bíblico Adventista do Sétimo Dia*, editado por F. D. Nichol.[2]

Robert Pierson (1911-1989) estava extremamente preocupado com a direção teológica da igreja e fez tudo o que pôde para mudar o rumo. Um olhar atento sobre sua presidência (1966-1979) mostra paralelos incomuns com a administração atual, em particular, no que diz respeito ao tema "reavivamento e reforma" que foi lançado por Pierson e mais tarde ressuscitado por Wilson.[3]

---

1. *Questões Sobre Doutrina*, (Tatuí, SP: Casa Publicadora Brasileira, 2009), com notas e introdução histórica e teológica por George R. Knight.
2. *Comentário Bíblico Adventista do Sétimo Dia*, (Tatuí, SP: Casa Publicadora Brasileira, 2009). Para um contexto histórico desse projeto, veja Raymond F. Cottrell, "The Untold Story of the Bible Commentary," *Spectrum* Vol. 16, n. 3 (August 1985), 35–51.
3. Veja meu paper *"Revival and Reformation—a current Adventist Initiative in a broader perspective,"* apresentação acadêmica na Convenção de Professores de Teologia, Newbold College, Reino Unido), March 25-29, 1915. Publicado em Jean-Claude Verrecchia, ed., *Ecclesia Reformata, Semper Reformanda: Proceedings of the European Theology Teachers' Convention 25-28 March 2015* (Newbold Academic Press, 2016), p. 101-121.

O próximo líder mundial adventista foi Neal C. Wilson (1920-2010), pai do atual presidente da AG (Associação Geral). Durante sua presidência (1979-1990), a igreja viu uma expansão considerável. Em 1979, o número de membros era de quase 3,4 milhões; cresceu para mais de 5,5 milhões em 1990. A iniciativa da Missão Global foi um dos ambiciosos programas de Wilson destinado a fortalecer o alcance da denominação. Durante a assembleia da Associação Geral em Dallas (Texas, EUA), em 1980, a igreja adotou as vinte e sete crenças fundamentais.[1] Estes vinte e sete pontos tornaram-se a base para o documento revisado que foi aprovado em San Antonio. Muitos caracterizaram Neal C. Wilson como político; uma das vítimas da política da igreja na era Wilson foi Desmond Ford (nascido em 1929).[2]

Para a grande surpresa da maioria das pessoas delegadas à assembleia 1990, em Indianápolis (Indiana, EUA), o relativamente desconhecido Robert Folkenberg (1941-2015) foi eleito presidente. Folkenberg será lembrado por seu fascínio pelas novas tecnologias, mas também por suas muitas iniciativas para facilitar o crescimento da igreja. Teologicamente, ele era bastante conservador e, como Pierson, preocupado em deter as tendências liberalizantes. Um documento abrangente intitulado *Compromisso Total* foi oficialmente aceito pela igreja, pouco antes de Folkenberg ter sido forçado a se demitir do cargo. Sua intenção era tornar o cumprimento do conteúdo desse documento um pré-requisito para tarefas de liderança e ensino. O documento foi incluído nos Regulamentos da igreja, mas recebeu pouca atenção durante a era Paulsen (1999-2010).[3]

---

1. Para o texto original das 27 Doutrinas Fundamentais, veja e.g. Associação Ministerial da Igreja Adventista do Sétimo Dia, *Seventh-day Adventists Believe—A Biblical Exposition of the 27 Fundamental Doctrines* (General Conference of SDA, 1988).
2. Veja a Biografia: Milton Hook, *Desmond Ford: Reformist Theologian, Gospel Revivalist* (Riverside, CA: Adventist Today Foundation, 2008).
3. Veja *General Conference Working Policy*, A15; também: https://www.adventist.org/en/information/official-statements/documents/article/go/0/total-commitment-to-god.

Jan Paulsen (nascido em 1936), primeiro teólogo profissional a se tornar o líder principal da Igreja Adventista, pode ser comparado com Reuben Figuhr em sua liderança. Ao invés de enfatizar a uniformidade doutrinária e cultural, seu ideal para a igreja era a unidade na diversidade. Porém, como Figuhr, ele se tornou suspeito, para muitos, por ter simpatias liberais. E, como Figuhr, ele foi sucedido por alguém disposto a começar (e sustentar) uma cruzada contra os perigos que a igreja enfrentava diante daqueles que supostamente se afastavam da "Verdade", como podemos descobrir através de uma "leitura simples" da Bíblia e uma interpretação literal dos escritos de Ellen G. White.

Desde 2010, a igreja tem sido liderada por Ted N. C. Wilson (nascido em 1950). Sua reeleição em julho de 2015, em San Antonio, marcou o início de seu segundo mandato. Enquanto parte da igreja se alegrava, um segmento considerável deplorou a perspectiva de pelo menos mais cinco anos de Wilson. Provavelmente, mais do que qualquer um de seus predecessores, ele colocou seu selo de tradicionalismo fundamentalista na igreja. Parece que a reeleição de Wilson também está intimamente associada à crescente divisão Norte-Sul na igreja.

Assim que Ted N. C. Wilson foi eleito presidente da Associação Geral, ele expressou seus principais deveres para com a igreja em seu significativo sermão em Atlanta, no dia 3 de julho de 2010.[1] O título de seu sermão, "Seguir adiante", pode ter sido inspirado pelo "Avançai", mensagem do último volume do livro *Testemunhos para a Igreja*, de Ellen White.[2] A partir de então a mensagem foi replicada em várias áreas diferentes, desde que Atlanta se tornou o elemento básico das mensagens de Wilson em reuniões importantes. A recepção desse sermão foi bastante diversa, como tem sido a reação a sermões semelhantes nas principais reuniões da igreja nos anos que se seguiram. Muitos jubilaram, mas muitos outros ouviram com crescente frustração. Na verdade, muitos

---

1. Para a transcrição deste sermão, veja *Adventist Review, GC Session Bulletin no. 8*, July 9, 2010.
2. Ellen G. White, *Testemunhos para a Igreja*, v. 9 (Tatuí, SP: Casa Publicadora Brasileira, 2009). p. 271.

se referiram a Wilson como o líder da Igreja Adventista que provocou a maior divisão de opiniões até hoje.

ÊNFASES RECENTES

A "iniciativa de reavivamento e reforma" tornou-se um dos projetos abrangentes de Wilson para a igreja nos cinco anos de seu primeiro mandato. Claro, é muito difícil avaliar de forma objetiva e mensurável os resultados dessa iniciativa. É interessante notar, como já mencionado acima, quão semelhante o chamado de Wilson para o reavivamento e a reforma foi o do presidente Robert Pierson.

Pierson estava muito preocupado com as quase duas décadas das alegadas tendências "liberalizantes" que o presidente Reuben H. Figuhr propôs, e ele estava determinado a conduzir a igreja em outra direção. Raymond Cottrell (1911-2003), um editor proeminente da *Review and Herald* e do Comentário Bíblico Adventista do Sétimo Dia, em sete volumes, descreveu Pierson nestas palavras: "Robert H. Pierson era uma pessoa graciosa, um adventista dedicado, um cavalheiro, mas também uma pessoa com objetivos claros e determinação decidida para alcançá-los." Ele via "Pierson, Gordon M. Hyde e Gerhard Hasel como os três arquitetos por trás da década de obscurantismo (1969-1979)". Segundo Cottrell, este "triunvirato" tentou obter o controle total dos estudos bíblicos adventistas nessa década.[1]

Durante o Concílio Anual (então chamado de Concílio Outonal) de 1973, a administração Pierson lançou um projeto de "reavivamento e reforma". Pierson propôs nove áreas de foco especial, nas quais a igreja deveria concentrar o "reavivamento e reforma":

- Uma igreja despreparada.
- A mensagem é sutilmente atacada através do questionamento da inspiração da Bíblia e do Espírito da Profecia.
- Instituições que precisam ser redirecionadas pelo seu presidente e administração.

---

1. http://en.wikipedia.org/wiki/Raymond_Cottrell.

- A liderança da Igreja precisa de reavivamento e renovação de compromisso.
- Uma igreja que se afasta do estudo da Palavra de Deus – a necessidade de um avivamento no estudo da Bíblia.
- Lares que precisam de ajuda para lidar com as pressões modernas – a importância de estabelecer o "altar familiar".
- Necessidade de testemunho de "primeiro amor".
- Necessidade de oferecer o "primeiro amor".
- Necessidade de um avivamento da pregação baseada na Bíblia que enfatize o tema "Cristo, nossa justiça".[1]

O livro *Reavivamento e Reforma*[2] de Pierson e seu emocionante discurso de despedida em 1973, depois de se demitir da presidência por razões de saúde, expressaram em grande medida as mesmas preocupações que também foram repetidas por Ted N. C. Wilson. Esta citação, um pouco longa, de Robert Pierson é uma ilustração clara:

> *Lamentavelmente, há aqueles na igreja que menosprezam a inspiração total da Bíblia, que desprezam os primeiros 11 capítulos do Gênesis, que questionam a cronologia curta do Espírito de Profecia em relação à era da Terra e quem sutil e não tão sutilmente ataca a Espírito de Profecia. Há alguns que apontam para os reformadores e teólogos contemporâneos como uma fonte e norma para a doutrina Adventista do Sétimo Dia. Há aqueles que supostamente estão cansados das frases simples do adventismo. Há aqueles que desejam esquecer os padrões da igreja que amamos. Há aqueles que cobiçam e cortejam o favor dos evangélicos; aqueles que tirariam o manto de um povo peculiar; e aqueles que seguiriam o caminho do mundo secular e materialista.*

---

1. *Minutes General Conference Committee,* October 15, 1973. http://documents.adventistarchives.org/Minutes/GCC/GCC1973-10a.pdf.
2. Robert H. Pierson, *Revival and Reformation* (Washington DC: Review and Herald, 1974).

Líderes companheiros, amados irmãos e irmãs – não deixem isso acontecer! Apelo a vocês com tanto fervor, quanto tenho nesta manhã – não deixem isso acontecer! Apelo à Universidade Andrews, ao Seminário, à Universidade Loma Linda – não deixem isso acontecer! Nós não somos anglicanos do sétimo dia, nem luteranos do sétimo dia – nós somos Adventistas do Sétimo Dia! Esta é a última igreja de Deus com a última mensagem de Deus!*[1]*

Mais uma vez, não se pode deixar de notar a grande semelhança entre a ênfase "Reavivamento e Reforma" de Robert Pierson e a de Ted N. C. Wilson, algumas décadas depois. Apesar das frequentes referências ao papel do Espírito Santo, e a chamada "chuva serôdia", o caráter da revitalização e da ênfase da reforma tem sido muito determinado por programas humanos que ajudariam a realizar isso. As medidas administrativas e organizacionais para promover esse "reavivamento e reforma" talvez possam ser muito mais orquestradas e menos pela iniciativa do próprio Espírito. Um comitê foi estabelecido no nível da Associação Geral, e um dos vice-presidentes foi designado para a supervisão especial desse novo plano. Foram desenvolvidas iniciativas subsidiárias, como um site especial[2] e instalações para ajudar os membros da igreja a trazer seus hábitos de leitura da Bíblia e sua vida de oração para um nível diferente, como o Plano Reavivados por Sua Palavra[3] e a Corrente de Oração 777.[4] Durante o segundo mandato de Wilson no cargo, essa ênfase parece ter perdido grande parte do seu vigor inicial.

ORDENAÇÃO DE MULHERES

Durante os cinco primeiros anos de Wilson, o tema da ordenação de pastoras atraiu ao menos tanta atenção quanto a iniciativa de

---

1. Robert H. Pierson, "Final Appeal to God's People," *Review and Herald*, 26 October 1973.
2. http://www.revivalandreformation.org/.
3. http://revivedbyhisword.org/.
4. http://www.revivalandreformation.org/777.

reavivamento e reforma. Seria injusto dizer que a visão de Wilson sobre essa questão era o único fator determinante na luta da igreja com esse ponto polêmico, mas ficou claro que Wilson não estava preparado para usar sua influência para criar uma atmosfera em que essa questão pudesse ter sido resolvida de uma maneira diferente, com ampla aceitação na igreja.

A questão de saber se as mulheres podem ser ordenadas para qualquer ministério da igreja e para o ministério pastoral e posições de liderança na Igreja Adventista tem sido uma questão de intensa discussão desde a década de 1960. Neste debate em curso, elementos teológicos, éticos, culturais e tradicionais desempenham um papel, além de questões (cada vez mais) de políticas e governo da igreja. Para muitos, ficou bastante estranho que uma igreja que orgulhosamente aponte para uma mulher como um dos seus cofundadores – ela mesma enfatizou coerentemente a importância das mulheres na igreja – é tão hesitante em aceitar as mulheres como totalmente iguais aos homens. Pode ser compreensível que, em algumas áreas do mundo, aceitar as mulheres no ministério como totalmente igual aos homens ainda enfrente barreiras culturais fortes, mas no mundo ocidental, muitos membros da igreja simplesmente não conseguem entender por que sua igreja está tão atrasada em relação à norma ética geral do mundo ao nosso redor.

As décadas de discussão levaram a situações cada vez mais difíceis de explicar. Em 1984, a igreja decidiu finalmente que estava correto ordenar mulheres como anciãs, se a igreja, em diversas áreas do mundo, acreditasse que isso fosse apropriado, e mais tarde (em 2000) o caminho também foi aberto para a ordenação de diaconisas. Em 1987, foi instituído um novo tipo de credencial. Homens e mulheres que ocupam cargos não pastorais de responsabilidade na igreja podem receber uma credencial de "Ministro Comissionado". Logo, isso também foi usado para mulheres no ministério pastoral. Isso lhes deu a maioria dos privilégios dos ministros ordenados, mas com algumas exceções notáveis. Essa nova credencial só é válida dentro da área geográfica para a qual a entidade da igreja que "comissiona" o indivíduo é responsável. A pessoa que possui essa credencial não pode ser eleita como presidente de uma Associação, União ou Divisão – muito menos da Associação Geral! É claro que essa prática não tem qualquer base teológica e é apenas uma questão política. Quando tudo é dito e feito, continua a ser difícil entender por que mulheres anciãs e diaconisas podem ser ordenadas, enquanto isso é considerado impróprio para pastoras. Existem diferentes tipos ou gradações de ordenação? Qual racionalidade teológica pode explicar a situação atual?

Ao longo dos anos, uma série de comissões e grupos de trabalho estudou o tema da ordenação das mulheres, sendo o mais recente o TOSC Internacional (Theology of Ordination Study Committee). A maioria dos seus mais de cem membros leu ou ouviu numerosos e extensos documentos e participou de muitas reuniões. Nenhum consenso foi alcançado, mas a maior parte desses estudiosos concluiu que a ordenação das mulheres não é, de fato, uma questão teológica, e sim uma questão de cultura e política da igreja. Essa foi também a conclusão dos relatórios da maioria das Comissões de Pesquisa Bíblica que funcionaram em diversas Divisões. Infelizmente, todo esse material foi largamente ignorado durante as discussões em San Antonio.

Quando a sessão da Associação Geral se reuniu em San Antonio, em julho de 2015, os delegados receberam seguinte pergunta a que deveriam responder com um simples "sim" ou "não": A igreja permitiria às regiões do mundo (Divisões) decidir se permitiriam a ordenação de pastoras em sua região?[1] Depois de um debate apaixonado e às vezes desagradável, 41,3% dos delegados votaram "sim", e 58,5% votaram "não" com apenas algumas abstenções. Se Wilson estivesse disposto a se juntar a Jan Paulsen, o presidente anterior da igreja mundial, ao encorajar os delegados a permitir essa liberdade às várias áreas do mundo, não há dúvida

---

1. Essa questão foi formulada da seguinte maneira: *"Depois de seu estudo sob muita oração sobre a ordenação na Bíblia, nos escritos de Ellen G. White e os relatórios das comissões de estudo; e depois de sua cuidadosa consideração sobre o que é melhor para a igreja e o cumprimento de sua missão, é aceitável que os comitês executivos da Divisão, conforme julguem apropriado em seus territórios, façam provisão para a ordenação de mulheres ao ministério evangélico? Sim ou não."*

de que o resultado teria sido bastante diferente e o "sim" provavelmente teria ganho naquele dia.

Nos debates anteriores e durante a Sessão da Associação Geral, uma teoria teológica relativamente nova veio a desempenhar um papel cada vez mais importante – e sem dúvida, não ouvimos seu final. Estou me referindo à ideia não bíblica da "liderança masculina", o que sugere que existe uma ordem distinta em níveis de autoridade: Deus-Cristo-homem-mulher. Essa teoria se originou em círculos calvinistas conservadores nos Estados Unidos e foi importada para o Adventismo por Samuele Bacchiocchi (1938-2008), um erudito conservador e autor popular, que muitas vezes escolheu escrever sobre questões controversas. Baseia-se em uma maneira particular de ler a Bíblia, que teremos de olhar um pouco mais de perto.[1]

LEITURA LITERAL

Muitas das controvérsias atuais na Igreja Adventista têm que ver com uma maneira particular de ler e interpretar a Bíblia. Desde o início de sua presidência, Ted N. C. Wilson sublinhou a leitura "simples" da Bíblia, ou seja, a importância de aceitar o significado literal do texto. Ele lembra continuamente sua audiência sobre os perigos de todas as formas de crítica histórica e recomenda a leitura de alguns livros recentes, que foram produzidos pelo Instituto de Pesquisa Bíblica[2] sobre a Bíblia e como deve ser interpretada. Sem dúvida, a abordagem de Wilson às Escrituras fortaleceu as tendências fundamentalistas sempre presentes no Adventismo.

Combinado com essa insistência acerca de uma interpretação literal possível da Bíblia, o pensamento constante de Wilson sobre

---

1. Para uma pesquisa mais aprofundada, veja: Gerry Chudleigh, *A Short History of the Headship Doctrine In the Seventh-day Adventist Church*, 2014, storage.cloversites.com/calimesaseventhdayadventistchurch/documents/a-short-history-of-the-headship-doctrine-in-the-seventh-day-adventist-church%20(1).pdf.
2. *Understanding Scripture: An Adventist Approach*, Biblical Research Institute Studies, vol. 1 (2006); *Interpreting Scripture: Bible Questions and Answers*, Biblical Research Institute Studies, v. 2 (2010).

a importância dos escritos de Ellen G. White e sobre o princípio de que devem ser o principal ponto de referência para qualquer coisa que dizemos sobre tudo. Esse uso acrítico de seus escritos, muitas vezes sem reflexão sobre o contexto original, foi calorosamente aplaudido por muitos na igreja, mas, ao mesmo tempo, tem sido muito criticado por outros. Os sermões de Wilson tendem a ser carregados com citações dos escritos de Ellen White, que – a despeito de todos os protestos contrários – muitas vezes, até parecem eclipsar o papel da Bíblia.

O entusiasmo pelo "Espírito de Profecia" (como os escritos de Ellen White são frequentemente referidos) recebeu uma expressão muito dramática na campanha mundial para distribuir dezenas de milhões de cópias do livro *O Grande Conflito* durante o primeiro período de Wilson. Essa iniciativa recebeu uma recepção bastante mista. Em alguns países, os membros estavam interessados em participar, e as edições especiais do livro foram impressas em grandes quantidades. No entanto, em muitos outros lugares, apenas as edições abreviadas foram emitidas com capítulos selecionados, para garantir que o público não fosse bombardeado com muito material anticatólico que forma parte importante do livro. Em algumas áreas do mundo – especialmente no Ocidente – a participação no projeto era quase nula ou limitada a pequenos grupos de membros, principalmente imigrantes. Muitos deploraram essa campanha e lamentaram que a liderança mundial impusesse isso à igreja sem considerar as sérias objeções que foram expressas. Foi visto por muitos como outra diretiva de cima para baixo e como uma ilustração de como a principal administração da igreja agora optou por operar.

Já foi feita referência ao *Biblical Research Institute* (BRI) (Instituto de Pesquisa Bíblica), que funciona na sede mundial da igreja. Foi criado em 1975 com o objetivo de fornecer à administração da igreja conselhos teológicos em casos de controvérsias doutrinais e pesquisar assuntos de natureza teológica. Perdeu seu *status* semi-independente, quando em 2010 passou a se conectar diretamente ao escritório do presidente da Associação Geral, e tendo seu diretor como um vice-presidente da igreja. Assim, a partir desse momento, haveria claramente uma medida mais forte do controle presidencial das atividades do BRI. Os teólogos residentes que trabalham no BRI geralmente têm sido bastante conservadores, e essa tendência se intensificou claramente nos últimos anos, levando a igreja a seguir o caminho do fundamentalismo e da rigidez doutrinária.

CRENÇAS FUNDAMENTAIS E CRIAÇÃO

Um dos itens importantes da agenda na sessão da Associação Geral de 2015 foi a revisão das vinte e oito Crenças Fundamentais da Igreja, com a reescrita substancial do artigo sobre a criação (artigo 6) e uma referência ao dilúvio (artigo 8) como os aspectos mais controversos. A revisão das Crenças Fundamentais da Igreja causou muita discussão antes e durante as reuniões, e, sem dúvida, continuará a ser discutida. Dois aspectos exigem nossa atenção especial.

Em primeiro lugar, há uma tendência clara para uma definição cada vez mais detalhada de crenças adventistas. Essa tendência não começou em San Antonio. Muitos, no entanto, esperam que esse desenvolvimento acabe em breve, e de preferência seja revertido! Um breve olhar sobre a história das Crenças Fundamentais pode oferecer algumas surpresas a muitos membros da igreja. No início, os crentes adventistas se recusaram a fazer qualquer resumo do que acreditavam. "Não temos nenhum credo, apenas a Bíblia", era o lema deles. A compilação de uma lista de doutrinas era percebida como um grande passo na direção de "Babilônia". Isso traria dificuldades para qualquer estudo imparcial da Bíblia. A história tem demonstrado abundantemente que, uma vez que tal "credo" é aceito, é quase impossível fazer mudanças! Os primeiros adventistas haviam escapado dos domínios dos credos das igrejas a que pertenciam, e não queriam voltar a algo semelhante. No entanto, depois de algum tempo, esse ponto de vista rígido não se mostrou mais sustentável. O público em geral estava fazendo perguntas sobre as crenças da Igreja Adventista, que exigiam respostas. Em 1853, Tiago White, um dos primeiros líderes adventistas e o editor das publicações oficiais denominacionais, publicou o primeiro resumo informal das crenças adventistas. Em 1872, a igreja publicou um pequeno panfleto no qual foi oferecida uma lista de vinte e cinco "princípios fundamentais". Não se pretendia "assegurar a uniformidade" ou fornecer "um sistema de fé", mas simplesmente "uma breve declaração, do que é, e era realizado, com grande unanimidade, pelos crentes adventistas".[1] O objetivo era simplesmente "responder perguntas" e "corrigir declarações falsas". Só em 1931 que uma nova declaração de crenças foi preparada. Essa "Declaração de Crenças dos Adventistas do Sétimo Dia", listando vinte e dois pontos doutrinários, serviu à igreja até 1980. Foi substituída por uma nova declaração de vinte e sete "crenças fundamentais", votada pelos delegados na sessão da Associação Geral, realizada em Dallas (TX, EUA). Uma crença adicional (número onze) foi adotada em 2005. Isso resultou em vinte e oito crenças fundamentais.

Apesar desse desenvolvimento da declaração de opinião da igreja – passando de uma lista informal para o público externo a respeito dos princípios do adventismo para uma definição muito detalhada das principais doutrinas adventistas que todos os membros devem aceitar – a igreja continua a insistir que não tem credo senão a Bíblia. Claramente, isso se tornou uma questão de semântica, pois a declaração das crenças fundamentais funciona cada vez mais como um credo e todos os membros – e, mais ainda, todos os obreiros da igreja – pelo menos em teoria, devem concordar com cada um desses pontos. Muitos dos membros da igreja estão bastante desconfortáveis com essa tendência contínua e se perguntam onde ela vai acabar.

E então há um segundo ponto. Nos últimos anos, tornou-se claro que houve um impulso decidido da liderança superior da igreja – do presidente da Associação Geral em particular, juntamente com um grupo de teólogos conservadores – para ajustar alguns dos artigos nas crenças fundamentais. O foco especial foi no artigo seis, que trata da criação do mundo. O texto que foi adotado em 1980 já era problemático para muitos cientistas e outros membros da igreja, que achavam que deveria haver mais espaço

---

1. "Seventh-day Adventist Doctrinal Statements," in: Don F. Neufeld, ed., *Seventh-day Adventist Encyclopedia* (Hagerstown, MD: Review and Herald, 1996 ed.), v. 2, p. 464.

para interpretações menos literais das histórias da criação e do dilúvio. Contudo, isso foi visto como um perigo que precisava ser abordado. Assim, a declaração foi revisada de maneira a não deixar o menor espaço para alguma forma teísta de evolução ou para qualquer interpretação diferente de uma "leitura simples" do texto.[1] Aqueles que defenderam a nova formulação ficaram satisfeitos quando a votação foi concluída com o resultado que se esperava. Entretanto muitas pessoas presentes em San Antonio e em todo o mundo – especialmente no mundo ocidental – ficaram desapontadas, ou pior que isso. Para muitos, introduzindo uma linguagem não bíblica no novo texto para sublinhar que os sete dias de criação eram dias literais de 24 horas, que faziam parte de um período que agora nos referimos como uma semana e enfatizamos que a criação foi um evento "recente", da mesma forma que o dilúvio, foi outro exemplo trágico do deslizamento constante em direção a uma leitura completamente fundamentalista da Bíblia. Essas pessoas sentem que a Igreja Adventista está cometendo o mesmo tipo de erro trágico que a Igreja Católica cometeu ao chamar Galileu de herege.

Teremos que dizer mais, mais adiante neste livro, sobre o papel da doutrina na igreja e na vida do crente individual. Os cristãos pós-modernos não estão muito interessados em doutrinais impressas, e se opõem ferozmente a serem forçados a entrar na camisa de força de uma lista de doutrinas com as quais eles devem consentir, se quiserem ser aceitos como "membros

---

1. Texto da sexta doutrina, a criação, agora re-escrito da seguinte forma: *Deus é o Criador de todas as coisas e revelou na Escritura o relato autêntico e histórico de Sua atividade criativa. Em uma recente criação de seis dias, o Senhor fez "os céus e a Terra, o mar e tudo o que neles há" e descansou no sétimo dia. Assim, Ele estabeleceu o sábado como um memorial perpétuo de seu trabalho criativo realizado e completado durante seis dias literais que, juntamente com o sábado, constituíram uma semana como a experimentamos hoje. O primeiro homem e mulher foram feitos à imagem de Deus como o trabalho de coroação da Criação, dado domínio sobre o mundo e encarregados de cuidar dele. Quando o mundo terminou, foi "muito bom", declarando a glória de Deus. (Gn 1-2; Êx 20:8-11; Sl 19:1-6; 33:6, 9; 104; Is 45:12; At 17:24; Cl 1:16; Hb 11:3; Ap 10:6; 14:7.)*

regulares" da igreja. Mais e mais as pessoas hesitam em se juntar à Igreja Adventista se tiverem que dizer "sim" a todas as vinte e oito crenças fundamentais. Na boa moda pós-moderna, eles querem compilar sua própria lista e sentir que devem ter liberdade para fazê-lo. Se isso não for possível, eles não entrarão no tanque batismal. E, cada vez mais, as pessoas que se juntaram à igreja em algum momento do passado não estão mais convencidas da correção e/ou da relevância de alguns pontos e se perguntam quantos dos "vinte e oito" precisam aceitar para continuar sendo "bons adventistas".

PENSAMENTO FIXO NO INIMIGO

Entre as coisas que muitos adventistas antipatizam – especialmente aqueles "nas margens" da igreja – está o foco contínuo em algum inimigo externo. Desde o início, o adventismo tem desconfiado de todos os demais religiosos. Nosso cenário profético apontou para Babilônia como a contrapartida da verdadeira igreja de Deus. A Igreja Adventista foi considerada como "a última igreja de Deus", o "povo remanescente" de Deus em um mundo condenado à destruição. "Babilônia" uniria, em última instância, todos os outros poderes religiosos, em particular a "Igreja-mãe" católica romana e suas "filhas" e as denominações protestantes apóstatas que, juntamente com o ocultismo, formariam a falsa trindade do fim do tempo. Nas últimas décadas, parecia que esse pensamento em termos de "nós" e "eles" estava gradualmente sendo diluído. Embora os pontos de vista proféticos oficiais não tenham sido alterados, havia bem menos ênfase neles. Grande parte da linguagem cáustica do passado foi atenuada. A Igreja Adventista estava cada vez mais preparada para aceitar os outros como cristãos – embora com "menos luz" em relação à verdade bíblica do que "a igreja remanescente". Mesmo que a Igreja Adventista não tenha se juntado a organizações ecumênicas como o Conselho Mundial de Igrejas e desencorajado as entidades da igreja nacional de se juntarem aos conselhos nacionais de igrejas como membros formais, parecia haver uma vontade geral de cooperar com outros cristãos em diferentes áreas e participar de discussões e consultas.

Nos últimos tempos, o desejo de um retorno ao isolamento parece mais uma vez ganhar vantagem. O presidente da igreja tem advertido repetidamente contra a leitura de livros teológicos não adventistas, contra pregadores não adventistas poderem falar em congregações adventistas, ou contatos ecumênicos e participação em programas de treinamento fornecidos por outros cristãos. Os meios de comunicação patrocinados por ministérios independentes como 3ABN, *Amazing Facts, Amazing Discoveries* e vários editores adventistas não oficiais, fornecem uma dieta contínua de mensagens alarmistas e de conspiração relacionadas ao tempo do fim, a ponto de a antiga fúria contra qualquer coisa católica ou ecumênica ter-se reavivado entusiasticamente. Para muitos adventistas "nas margens" – bem como para muitos que ainda estão firmemente dentro da congregação adventista – a volta desse modo de pensamento fixo no inimigo é algo indigesto. Muitos perguntam o que isso tem a ver com um evangelho de graça e um Senhor que já conquistou todos os poderes do mal e cujo retorno é a esperança que "arde em nossos corações".

HOMOSSEXUALISMO

A lista de preocupações daqueles que estão "às margens" da igreja vai ficar incompleta, mas uma questão ética importante ainda deve ser mencionada. Já vimos que muitos membros do mundo ocidental acham muito difícil entender a atitude da igreja em relação à ordenação de mulheres para o ministério evangélico. Isso levou alguns a deixar a igreja. Esses não querem pertencer a uma organização que continua a discriminar as mulheres e acreditam que não há argumentos teológicos válidos para agir assim. Pelo contrário, creem que o evangelho de Cristo exige plena igualdade de gênero.

Muitos adventistas no mundo ocidental acham também cada vez mais difícil aceitar a posição da igreja sobre a homossexualidade e relacionamentos com o mesmo sexo. Isso é especialmente verdadeiro para os jovens, mas o mal-estar com o ponto de vista denominacional é encontrado entre homens e mulheres de todas as faixas etárias. Eles conhecem gays e lésbicas; trabalham com eles como colegas e os têm entre seus amigos. Alguns têm irmãos gays ou lésbicas. Muitos também conhecem gays e lésbicas e pessoas com outras orientações sexuais na Igreja Adventista, e estão bem conscientes da sua luta para serem plenamente aceitas.

Nos últimos anos, a Igreja Adventista tem publicado uma série de declarações infelizes nas quais a homossexualidade é listada como parte de uma série de graves aberrações sexuais.[1] Mais recentemente, os líderes da igreja enfatizaram a importância de interagir com gays e lésbicas de maneira amorosa e pastoral. Ao mesmo tempo, a igreja não deixa os membros em dúvida de que, embora a orientação homossexual não seja pecado, qualquer atividade homossexual é totalmente inaceitável. A única opção para os homossexuais é permanecerem celibatários.

De acordo com a visão oficial da igreja, uma leitura literal dos chamados "textos anti-homo" que se encontram na Bíblia[2] levará à conclusão inequívoca de que um cristão deve abster-se de qualquer atividade homossexual e não pode entrar em uma relação do mesmo sexo. No entanto, outros argumentam que esses textos também podem ser lidos e interpretados sob uma luz diferente e que a Bíblia nunca aborda o tipo de relações do mesmo sexo que vemos hoje (entre dois homens ou duas mulheres, que se amam e querem ser fiéis ao parceiro enquanto viverem).[3] Para muitos,

---

1. E.g. nas declarações "Homosexuality," e "A Statement of Concern on Sexual Behavior" em: *Statements, Guidelines and Other Documents of the Seventh-day Adventist Church* (Silver Spring, MD: Communication Department of the General Conference of Seventh-day Adventists, 2006), p. 38, 94-95. Uma reportagem de capa da revista Ministry, na década de 1980, anunciou que os adventistas haviam encontrado uma maneira de "curar" os homossexuais. A exposição que veio depois disso deixou os editores envergonhados.
2. Os textos mais destacados que são citados por aqueles que insistem que a Bíblia não permite nenhuma atividade homossexual são: Deuteronômio 23:17, 18; Levítico 18:22; Gênesis 19; Juízes 19; Romanos 1:20, 21; 1 Coríntios 6:9 e 1 Timóteo 1:8-10.
3. Uma publicação que oferece uma perspectiva adventista "progressista" sobre a homossexualidade é: David Ferguson, et al., eds., *Christianity and Homosexuality: Some Seventh-day Adventist Perspectives* (Roseville, CA: Adventist Forum, 2008). Para uma tradicional reação adventista, veja e.g. Roy E. Gane, et. al., eds., *Homosexuality, Marriage and the Church: Biblical, Counseling and Religious Liberty Issues* (Berrien Springs, MI: Andrews University Press, 2012).

novamente, em particular para aqueles "nas margens" da igreja, é impossível aceitar que os homossexuais não sejam tolerados na Igreja Adventista e sejam vistos (na melhor das hipóteses) como membros de segunda classe, que – mesmo batizados – não podem desempenhar nenhum cargo importante da igreja.

UM QUADRO MAIOR

O capítulo anterior focalizou a crise no cristianismo contemporâneo e neste capítulo vimos uma série de questões controversas no adventismo atual. Não hesito em considerar que há uma crise real. Nem todos concordarão com essa avaliação do que está acontecendo na igreja. Numa abordagem muito comum, se duas ideias não coincidem em nenhum ou em um ou dois detalhes de um argumento específico, e há alguns pontos que possam ser considerados questionáveis, alguns tendem a concluir que o quadro mais amplo não é confiável. Exorto o leitor, em primeiro lugar, a olhar para o quadro total e depois decidir se isso realmente reflete a realidade. Eu acredito que sim.

E, à medida que avançamos, devemos ter em mente três outros elementos. (1) As tendências da Igreja Adventista de hoje não podem ser separadas da história passada. Sem algum conhecimento de nossa história, não podemos ver as coisas na perspectiva correta; (2) muitas das questões que desempenham um papel importante na crise atual no adventismo são uma questão de hermenêutica, ou seja, de como ler e interpretar a Bíblia; e (3) a mudança é possível. No decorrer da história adventista, muitas coisas mudaram – algumas para melhor e outras para pior. Mudança para melhor (da minha perspectiva) é possível. A igreja pode mudar para uma abordagem menos fundamentalista da Bíblia. A liderança pode tornar-se menos controladora e pode permitir, ou mesmo estimular, a diversidade na forma como praticamos nossa fé em diferentes partes do mundo, em nossas diferentes culturas. E nós não precisamos ser tão rígidos em nossas convicções doutrinárias como em geral costuma ser sugerido, se queremos permanecer como adventistas "reais"!

Inúmeras coisas mudaram na igreja, mas muitas dessas mudanças preocupam em vez de agradar a maioria dos "crentes marginais". É óbvio o que está acontecendo e espero pelo tipo de mudança que traga um sopro de ar fresco, um *aggiornamento* – na minha igreja. Minha convicção de que esse tipo de mudança é possível é uma das principais razões pelas quais escrevi este livro. Entretanto, as mudanças reais muitas vezes demoram para acontecer e, portanto, requerem paciência. Um estudo superficial da história da igreja confirma o fato de que a maioria das mudanças necessitou de um longo tempo de incubação. Contudo, elas virão eventualmente, se as pessoas desejarem essas mudanças e permitirem que o Espírito do Senhor as promova.

CAPÍTULO 4

"Deus existe?" e outras questões fundamentais

Eu tinha dez anos de idade. Henk, meu irmãozinho, cerca de dois anos mais novo, não estava bem, mas nosso médico da família não conseguia encontrar o que havia de errado com ele. Então, de repente, os sintomas tornaram-se tão graves que foi necessária a hospitalização imediata. Duas semanas depois, Henk estava morto. Uma forma de doença cardíaca reumática não fora diagnosticada a tempo, com resultado fatal. Meus pais estavam tão transtornados para decidir alguma coisa, e ele foi enterrado em uma sepultura não identificada no cemitério da aldeia onde morávamos. Ainda posso ver os alunos da escola em torno do túmulo aberto, cantando para o colega de classe, e lembro do sermão de um dos nossos pastores adventistas favoritos que viera de Amsterdã para conduzir a cerimônia.

Eu acreditava em Deus, da minha maneira infantil. Nos poucos dias entre o momento em que o caixão foi levado para a nossa pequena casa – onde permaneceu durante quatro dias com uma tampa aberta no corredor bastante estreito, por onde devíamos passar o tempo todo – e o funeral, orei com fervor. Conhecia as histórias bíblicas nas quais as pessoas mortas haviam sido ressuscitadas. Entendia que isso só acontecia ocasionalmente, mas como aconteceu algumas vezes, orei para que Deus também fizesse uma exceção em favor do meu irmão. Não me parecia razoável que ele não estivesse mais conosco. Por que Deus nos fez isso? Porém, apesar das minhas súplicas, Deus não fez uma exceção. Por que não? Por que ele deixou Henk morrer?

Poucos anos depois, voltamos ao mesmo cemitério, dessa vez para dar um último adeus ao meu pai. Ele viveu cinquenta anos. Depois de uma vida bastante complicada, com muita doença, e depois de vários infortúnios e contratempos sérios, ele desenvolveu leucemia. A luta desigual com essa doença cancerígena durou cerca de seis anos – um período difícil para ele e toda a família.

Meu pai se foi. Eu tinha catorze anos e teria que crescer sem um pai. Na verdade, mesmo nos anos anteriores à sua morte, eu realmente não tive um pai atencioso como a maioria dos meninos da minha idade. Não havia o vínculo íntimo com um pai "real" na minha vida. Por que isso aconteceu comigo? E para minha mãe, e para minhas irmãs? Por que Deus permitiu isso? Ele não sabia que acreditávamos nEle? Por que Ele nos ignorou e por que não nos ajudou?

Algumas décadas mais tarde – eu tinha então cerca de quarenta anos – minha irmã mais nova morreu, com 32 anos, deixando o marido e três filhos pequenos. Um tumor cerebral tinha feito seu trabalho rápido e mortal. Foi um choque e me deixou questionando. Por que Deus permitiu que isso acontecesse com uma família jovem? Como essas crianças enfrentariam a vida sem uma mãe? Por quê, Deus, por quê?

A maioria de nós experimentará momentos ou mesmo períodos prolongados de sofrimento, ou já passamos por momentos difíceis em nosso passado pessoal. Percebemos que nenhum de nós é imortal, e que um dia perderemos nossos pais e outros parentes e amigos mais velhos. Contudo nunca nos acostumaremos a perder pessoas que são tiradas de nós ao longo da vida, ou à visão de crianças pequenas que estejam morrendo de câncer.

Sei que muitas pessoas tiveram uma vida muito mais dura do que eu tive até agora. E, quando penso nas inúmeras vítimas de situações de guerra, que devem viver com um trauma ao longo de toda sua existência, sem pais ou sem o parceiro e seus filhos, as palavras permanecem vazias quando procuro descrever o que devem sentir. Por que um Deus Todo-Poderoso permite tais atrocidades?

Em seu best-seller de 1974, Quando Coisas Ruins Acontecem às Pessoas Boas, o rabino Harold Kushner sugeriu que devemos aceitar algum sofrimento como parte inevitável da vida humana, mas que o fato de haver tanto sofrimento inexplicável nos deixa desconcertados. Isso é ainda mais verdadeiro quando olhamos não só para o sofrimento dos indivíduos, mas também para o sofrimento em uma escala muito maior – a miséria de comunidades ou nações inteiras. Pense nos desastres naturais que atingiram nosso Planeta com uma frequência estranha, os terremotos que enterram dezenas de milhares de pessoas inocentes sob os escombros de suas casas e fábricas, os tsunamis e os tufões que causam uma devastação terrível e deixam milhões de pessoas mortas ou desabrigadas. Por que essas coisas acontecem?

Os atos de terrorismo trazem um enorme sofrimento e perturbam nossa vida. Não podemos mais embarcar em um avião, a menos que em primeiro lugar esvaziemos os bolsos e joguemos nossas garrafas de água meio vazias na lixeira, e passemos por uma varredura corporal; encontramos portões de detecção de metal nas entradas dos principais edifícios públicos, e somos filmados por câmeras de vigilância, dezenas de vezes por dia. Recentemente, li que uma pessoa que caminha por um dia nas ruas de Londres será filmada pelo menos 300 vezes. No entanto, os terroristas ainda conseguem fazer suas atrocidades ao matar homens, mulheres e crianças aleatoriamente, apenas porque estavam no lugar errado na hora errada. Por que tudo isso acontece? Por que o Estado Islâmico e o Boko Haram, os cartéis de droga na América do Sul e outras organizações terroristas, continuam suas práticas terríveis?

Por que nosso mundo passou por guerras mundiais com suas dezenas de milhões de vítimas? Qualquer um que conheça um pouco da história não ouviu falar apenas sobre a Primeira Grande Guerra e a Segunda Guerra Mundial, a Guerra do Vietnã, os "campos de morte" do Khmer Vermelho cambojano no final da década de 1970, e o genocídio em Ruanda em 1994, mas também das atrocidades mais recentes no Sudão, no Iêmen, no Iraque, na Ucrânia, etc. E então há o sofrimento em muitas outras guerras, muitas vezes convenientemente esquecidas, em todo o mundo.

Ao escrever este capítulo, tenho as imagens dramáticas de Aleppo ainda diante dos meus olhos. Os terríveis acontecimentos na Síria já reivindicaram milhares de vidas. E assim vai.

MAS POR QUÊ?

Discutimos a profunda crise do cristianismo contemporâneo e a desconfiança generalizada na igreja institucional. No entanto, a crise é muito mais profunda do que uma crescente perda de confiança na igreja como organização. Muitos daqueles que se encontram "às margens" da igreja experimentam uma crise de fé pessoal. Claro, essas duas coisas podem estar intimamente ligadas, mas a crise de fé atinge muito mais do que apenas a confiança fortemente reduzida na organização da igreja. Isso afeta nossa vida no nível mais profundo.

Um grande número de cristãos, com suas raízes na grande variedade de denominações em todo o espectro religioso – da ultraesquerda para a extrema direita e todo o resto – passam por uma crise em sua fé. Claro, esse não é um fenômeno novo, mas no momento parece ser muito mais intenso do que nunca. Não está restrito a qualquer faixa etária específica. E não pense, sequer por um momento, que os adventistas são imunes a essa crise. A maioria dos jovens adventistas não está se perguntando o que exatamente acontece antes, durante e após o período de mil anos de Apocalipse 20, ou como podem descobrir a data de 1844 em Daniel 8 e 9. No entanto, muitos querem saber se realmente há um Deus e, em caso afirmativo, por que tantas coisas terríveis acontecem no mundo e na sociedade de que fazem parte. A tragédia é que eles podem encontrar algumas pessoas na igreja que estão prontas para lhes dar uma série de longos estudos bíblicos para resolver questões mais profundas sobre todas doutrinas, mas que são incapazes de abordar seriamente os problemas reais que perturbam sua vida. Eles, assim como muitas pessoas das gerações anteriores, estão "à margem" da igreja, porque ficaram desapontados com as coisas que as pessoas na igreja dizem e fazem, e por causa das tendências que veem em sua igreja. Contudo, muitas vezes, a busca da alma é muito mais profunda. Eles se perguntam: Deus realmente existe? E se existe, como podemos conciliar todo esse sofrimento e miséria no mundo com um Deus Todo-Poderoso? Com tanta frequência, muitos de nós ecoam a questão que se tornou o título do livro inspirador de Philip Yancey: Onde está Deus quando chega a dor?

DEUS: TODO-PODEROSO E AMOROSO?

Uma das questões mais cruciais com que muitos cristãos estão lutando é: como conciliar o amor de Deus com o fato de que Ele deveria ser Todo-Poderoso? Quando os cristãos tentam explicar quem é Deus, costumam citar a simples definição bíblica de três palavras: Deus é amor (1 João 4: 6). Deus é amor na forma mais pura possível. Isso, a Bíblia nos diz, foi sublimemente manifestado no dom do Filho de Deus, Jesus Cristo, que veio nos trazer a salvação. Entretanto, falar sobre Deus também envolve Seus outros atributos: Deus é eterno (Ele sempre existiu e sempre existirá); Ele sabe tudo (É onisciente); Ele pode estar em todos os lugares ao mesmo tempo (É onipresente); e Ele nunca muda (É imutável). Contudo, Ele também é Todo-Poderoso (onipotente): isso significa que não há limites para o que Ele pode fazer. Ele é retratado na Bíblia como o Criador do Universo e de tudo o que o compreende. Somos informados de que Ele tem o poder de criar "um novo céu e uma nova Terra" quando a história, como a conhecemos, chegar ao fim.

Então, você tem o mesmo dilema que milhões de pessoas – incluindo um grande número de Adventistas do Sétimo Dia – não podem resolver: se Deus é amor total e tem poder ilimitado, por que há todo esse sofrimento? Por que Deus não intervém e protege as criaturas que Ele supostamente ama? Gostaríamos de dizer a Deus: "Nós O desafiamos a explicar isso! Defenda-Se! Ajude-nos a entender por que você simplesmente parece sentar-se e esperar, ao invés de intervir e parar todo o mal e destruição, e nos tirar da dificuldade na qual frequentemente nos encontramos."

Isso reflete a experiência de Steve Jobs, o gênio e cofundador do império Apple, que morreu de câncer em 2011. Em sua juventude, na maioria dos domingos, Jobs frequentava uma igreja luterana, mas ele perdeu a fé aos 13 anos. Ele perguntou a seu professor da Escola Dominical: "Se eu for levantar um dedo, Deus saberia qual vou levantar, mesmo antes de fazê-lo?" Quando o pastor respondeu com: "Sim, Deus sabe tudo", Steve puxou a capa da revista *Life*, de julho de 1968, para fora do bolso. Essa capa chocante mostrava algumas crianças famintas na Biafra (Nigéria). Ele então perguntou ao pastor se Deus também conhecia essas crianças. A única resposta que Steve recebeu foi: "Steve, eu sei que você não entende, mas sim, Deus sabe disso." Steve Jobs não conseguiu ficar satisfeito com essa resposta e deixou a igreja para nunca mais voltar.[1]

Os teólogos têm um termo técnico para este tópico. Eles falam de teodiceia. Essa palavra é derivada de duas palavras gregas: *theos e dik* – Deus e justiça. Em outras palavras: como Deus justifica Sua aparente inação quando sofremos? Navegando pela internet, encontrei a seguinte descrição sucinta e útil da teodiceia: "A defesa da bondade e da onipotência de Deus em vista da existência do mal."[2]

Para muitas pessoas, conciliar o amor de Deus com o seu poder ilimitado é uma pergunta irrespondível que os leva a concluir: não há Deus amoroso! No entanto, pensadores de todos os tempos e todos os lugares se recusaram a aceitar essa conclusão fatalista e tentaram encontrar uma resposta que os satisfizesse. Eu li alguns dos seus livros, muitas vezes complicados, sobre a teodiceia. Talvez o livro mais compreensível e informativo sobre esse tópico que encontrei nos últimos tempos seja o livro de Richard Rice: *Suffering and the Search for Meaning*. O subtítulo esclarece ainda o que Rice se propõe a fazer: dar respostas ao problema da dor.

Dr. Rice, professor de teologia da Universidade Loma Linda, na Califórnia, não conta com conhecimento teológico extenso por parte de seus leitores. Em seu livro, muito acessível, Rice

---

1. Sou grato a Bobby Conway por me indicar essa experiência de Steve Jobs em seu livro: *Doubting toward Faith: The Journey to Confident Christianity* (Eugene, OR: Harvest House Publishers, 2015), p. 50. A história aparece originalmente na biografia de Jobs, escrita por Walter Isaacson: Steve Jobs (New York: Simon & Schuster, 2011), p. 14, 15.
2. http://www.merriam-webster.com/dictionary.theodicy.

fornece uma pesquisa de várias abordagens para a questão do porquê, que resumirei brevemente.[1]

A primeira visão é que toda tentativa de justificar Deus vai falhar; não podemos encontrar uma maneira de conciliar a miséria no mundo com a existência de um Deus Todo-Poderoso e amoroso. No entanto, tem sido discutido, em pelo menos cinco formas diferentes, como uma solução para a questão do porquê é possível:

1. Pode-se começar com a ideia de que todo sofrimento e miséria é, de maneira misteriosa, parte do plano de Deus para a humanidade. É certo que muitas vezes não entendemos por que Deus aprova ou permite muitos dos eventos que ocorrem, mas Ele não comete erros e devemos confiar que, no seu tempo, todas as coisas ficarão em seu lugar.
2. Deus não é o culpado pelo fato de que há tanto sofrimento no mundo. É o resultado do livre arbítrio do homem. Deus não queria robôs, mas criou seres que O amassem e servissem por sua própria vontade. Deus assumiu o risco de que as coisas poderiam ficar ruins, mas isso não O responsabiliza por nossas escolhas erradas e, portanto, por todo o sofrimento que vemos no mundo.
3. Talvez não possamos encontrar explicações para todo o sofrimento que vemos e experimentamos, mas podemos apreciar o fato de que a maioria das coisas que nos acontecem tem potencial para estimular nosso crescimento interno e nos ajudar a amadurecer espiritualmente.
4. Um conflito cósmico entre o bem e o mal está ocorrendo, e os seres humanos desempenham um papel nessa luta entre os poderes da luz e da escuridão. Os Adventistas do Sétimo Dia tradicionalmente optaram por essa perspectiva e se referem a esse conflito cósmico como "o grande conflito".
5. Então, finalmente, há aqueles que optam por um tipo diferente de resposta. Eles nos dizem que devemos rever nosso ponto

---

1. Richard Rice, *Suffering and the Search for Meaning: Contemporary Responses to the Problem of Pain* (Downers Grove: IVP Academic Press, 2015).

de partida. Deus não é onisciente e não é Todo-Poderoso no sentido clássico desses termos. Eles dizem que Deus não sabe exatamente como vamos decidir usar nosso livre arbítrio, e Ele não tem a possibilidade de intervir quando tomamos decisões erradas.[1]

O livro de Richard Rice é de grande valor porque fornece uma pesquisa tão lúcida das várias opções e, em seguida, lida com os pontos fortes e fracos de cada uma dessas abordagens. Recebe muito valor agregado através do modo como o autor também lida com a dimensão pessoal do problema. O sofrimento humano, diz ele, não é apenas um problema filosófico e teológico (na verdade, ele prefere o termo "mistério"). Mais cedo ou mais tarde, afeta todos nós muito pessoalmente. Rice propõe combinar aspectos das várias abordagens à medida que tentamos refinar "fragmentos de significado" e esperamos encontrar conforto e apoio quando somos atingidos por um desastre pessoal.

Pessoalmente, assim como Rice, também vejo valor em várias das "soluções" sugeridas. Estou particularmente atraído pela visão menos ortodoxa do argumento cinco, mas não me permitirei escrever uma longa discussão sobre esse tópico. Como pastor e como alguém com interesse teológico profissional, consideraria muito interessante essa discussão. Ao mesmo tempo, percebo que, para a maioria das pessoas, o problema do porquê não será resolvido por nenhum debate acadêmico. Quaisquer que sejam os argumentos que possamos apresentar, simplesmente não "se sentem bem" com o fato de que um Deus amoroso, que é Todo-Poderoso, não impede ou interrompe o sofrimento que experimentamos pessoalmente e a miséria que vemos todas as noites nas notícias em nossas telas de TV. Se houver uma resposta, para a maioria de nós, não se baseará principalmente em argumentos racionais. Precisamos voltar a isso em um ponto posterior.

---

1. Esta teoria é referida como "teísmo aberto" ou como "teologia do processo" (uma abordagem que vai, de fato, além do "teísmo aberto"). Richard Rice é um importante teólogo do processo.

DÚVIDA INTELECTUAL

Ao longo da história da cristandade, muitas pessoas duvidaram da existência de Deus, enquanto outras fizeram todo o possível para "provar" que o Deus cristão existe.[1] Essas "provas" costumavam seguir um padrão semelhante: todo efeito deve ter uma causa, e essa causa também deve ter sua própria causa, e assim por diante. Em última análise, deve haver uma primeira causa no início de tudo: Deus. Outros desenvolveram essa linha de pensamento argumentando que, se pudermos realmente formar uma ideia sobre um Deus eterno, Todo-Poderoso e de todo conhecimento, isso em si prova que existe tal Deus, pois uma ideia como essa não pode simplesmente emergir de uma mente humana limitada, a menos que seja causada por uma Causa (com um C maiúsculo). Além disso, lembramos que algumas leis morais fundamentais parecem ser amplamente compartilhadas pela humanidade; isso só pode ser explicado, argumenta-se, pelo fato de que existe um Ser Moral supremo, que de alguma forma implantou esses princípios morais na raça humana.

O "argumento" mais famoso para a existência de Deus discorre: se caminharmos pela floresta e de repente descobrirmos uma casa com um jardim bem cuidado, assumiremos que alguém deve ter construído a casa e plantado o jardim. Ou, se considerarmos o complexo mecanismo de um relógio, não especulamos que o relógio possa ter surgido através de algum tipo de misteriosa geração espontânea ou algum "big bang" no passado distante. Assumimos que um relojoeiro de carne e osso fez o trabalho. Da mesma forma, quando estudamos o Universo e vemos uma ordem definitiva, não podemos razoavelmente evitar a conclusão de que deve haver um Criador que colocou o cosmos e o mundo naquela ordem particular. Sempre que há provas de design, devemos postular um designer! Embora esse argumento do design tenha perdido grande parte de seu poder quando Charles Darwin e outros evolucionistas propuseram suas teorias de uma evolução gradual

---

1. Veja também em meu livro: *Faith: Step by Step: Finding God and Yourself* (Grantham, UK: Stanborough Press, 2006). Alguns parágrafos desse livro foram parafraseados nesta seção.

das várias espécies de plantas e animais, nos últimos anos, teve um retorno interessante entre alguns estudiosos cristãos.

Poucas pessoas hoje acham que as "provas" tradicionais para a existência de Deus sejam muito convincentes. Muitos cristãos que estão firmemente convencidos de que Deus existe, de fato, admitem que nenhuma prova absoluta é possível! No entanto, embora possa ser difícil, ou mesmo impossível, uma prova absoluta da existência de Deus, provar que Deus não existe é mais difícil! Basta considerar esta ilustração simples. Fornecer provas sólidas de que existem rinocerontes no mundo não é muito difícil. Você pode encontrar rinocerontes em qualquer grande zoológico! No entanto, se você quiser ter uma prova definitiva de que os rinocerontes azuis não existem, isso seria muito mais desafiador, senão impossível. Você teria que investigar se em algum lugar do mundo, incluindo os lugares mais remotos e inacessíveis, um rinoceronte azul pode ser encontrado. Enquanto você não tiver pesquisado o mundo inteiro, não pode ter certeza absoluta!

Na maioria dos casos, a dúvida intelectual em relação à existência de Deus não desaparece tentando "provar" que Ele está vivo e bem. Será necessário uma abordagem diferente, como veremos. Enquanto isso, não devemos esquecer outro grande obstáculo para muitos que estão lutando com sua fé.

POR QUE O CRISTIANISMO?

O mundo ocidental já não é solidamente cristão. Pessoas com religiões não cristãs vieram viver entre nós, e muitos de nós viajamos para lugares em que fomos confrontados com o Islã, o Hinduísmo, o Budismo ou alguma outra fé não cristã. Como resultado, muitos agora estão fazendo a pergunta: se existe um Deus, quem é Ele? Ele é o Deus dos cristãos ou talvez o Deus dos muçulmanos? Ou talvez haja muitos deuses como, por exemplo, o hinduísmo ensina?

Como os cristãos podem ter tanta certeza de que sua religião é melhor do que todas as outras religiões? Que critérios têm eles para determinar que sua religião é a verdadeira, ou pelo menos superior às demais? Não pode ocorrer que todas as religiões sejam de igual valor? Seriam todas elas talvez formas igualmente válidas de encontrar um significado mais profundo na vida? Será que realmente importa se você chama de "Deus" o ser mais elevado ou se dirige a ele como "Alá"? Faz alguma diferença essencial se você recupera através de Buda ou de Jesus Cristo o seu descanso interno? Será que importa se você adora em um templo hindu ou queima uma vela em uma catedral católica? Todas as religiões não estão tentando fazer o mesmo: estabelecer uma conexão entre nós e o desconhecido além? Essas questões são mais uma razão para a dúvida generalizada.

Ou, por outro lado, estão corretas as pessoas que dizem que todas as religiões são o produto da imaginação humana e nada mais?

QUESTÕES SOBRE A BÍBLIA

Muitos que ainda acreditam em Deus, e que são mais atraídos para o cristianismo do que para qualquer outra religião, lutam com a compreensão da Bíblia. Isso é especialmente verdadeiro para as pessoas que cresceram em uma denominação com abordagem bastante literal da Bíblia. Se a Bíblia lhes diz que um homem sobreviveu a uma longa permanência na barriga de um grande peixe, e que uma cobra e um burro falavam em linguagem humana, isso realmente deve ter acontecido! Porém para muitos, diversas coisas que eles estariam dispostos a aceitar no passado não mais são tão claras em seus últimos anos. Isso também é verdade para muitos Adventistas do Sétimo Dia. Embora a Igreja Adventista rejeite oficialmente o rótulo do fundamentalismo, e a teologia adventista afirme que não aceita a teoria da inspiração verbal, na prática, as coisas são diferentes.

Talvez devêssemos primeiro dizer algumas palavras sobre esses dois termos, fundamentalismo e inspiração bíblica. Atualmente, o termo "fundamentalismo" é usado de forma bastante ampla. O confiável dicionário Merriam-Webster define "fundamentalismo" como "um movimento ou atitude enfatizando a aderência estrita e literal a um conjunto de princípios básicos" e depois menciona o "fundamentalismo político" e o "fundamentalismo islâmico" como principais exemplos desse uso. No entanto, a primeira e principal definição que é dada é mais específica: "Um movimento do protestantismo do século 20 enfatizando a Bíblia literalmente interpretada como fundamental para a vida e os ensinamentos cristãos." O movimento do Fundamentalismo (geralmente escrito com um F maiúsculo) surgiu no primeiro quarto do século 20. Um grupo de teólogos, horrorizados pelas tendências liberais cada vez mais influentes em muitas denominações na América do Norte, decidiram escrever uma série de folhetos para combater o que consideravam uma ameaça mortal para o protestantismo americano. Esses panfletos se tornaram conhecidos como "fundamentos" – e isso inspirou o termo fundamentalismo.

A inspiração bíblica é a teoria da inspiração que sustenta que cada palavra é inspirada. Admite-se que isso se aplicaria apenas à redação exata dos documentos originais (em hebraico, aramaico e grego), mas a principal tese é que os autores bíblicos eram meros escribas que anotaram o que o Espírito lhes disse. Pelo fato de que cada palavra foi "ditada" pelo Espírito, a Palavra de Deus não pode conter erros (é, em outras palavras, infalível). A Bíblia é, em todas as coisas, historicamente totalmente confiável. E quando a Bíblia conflita com a ciência, a Bíblia sempre prevalece.

Antes da década de 1920, os adventistas avançaram gradualmente para a teoria da inspiração do "pensamento", a convicção de que os autores comunicaram em suas próprias palavras humanas e usando seu próprio estilo de escrita as ideias que Deus lhes deu. Ellen. G. White estava entre aqueles que apoiaram essa interpretação.[1] Durante a famosa "Conferência Bíblica" de 1919, os principais líderes adventistas também falaram a favor dessa ideia.[2] No entanto, quando o movimento fundamentalista ganhou força crescente nos Estados Unidos, logo também afetou a Igreja Adventista,

---

1. Ellen G. White, *O Grande Conflito*, p. v-vii; *Mensagens Escolhidas*, v. 1, p. 16, 19, 20.
2. As atas dessa conferência não foram encontradas até 1975, quando as transcrições da conferência foram descobertas nos arquivos da sede da Igreja Adventista. Trechos transcritos foram publicados pela primeira vez em 1979 pela revista Spectrum e agora estão disponíveis na íntegra em um site oficial da igreja. Para os relatórios completos, consulte http://docs.adventistarchives.org/documents.asp?CatID=19&SortBy=1&ShowDateOrder=True.

e a teoria da "inspiração bíblica" ganhou apoio abrangente, tanto no que diz respeito à origem da Bíblia como a respeito da natureza dos escritos da profetisa Ellen G. White. Ao longo dos anos, a tendência fundamentalista no adventismo, em alguns momentos, diminuiu um pouco. Porém permaneceu sendo um contínuo problema (pelo menos, é assim que eu vejo), e ressurgiu em pleno vigor nos últimos tempos. Para um grande grupo de adventistas, essa tendência ao fundamentalismo, com sua estreita interpretação de inspiração, tornou-se cada vez mais desagradável.

Três aspectos da Bíblia criaram um especial desconforto por parte de muitos cristãos leitores da Bíblia, incluindo Adventistas do Sétimo Dia: (1) a violência e a crueldade no Antigo Testamento; (2) as declarações que conflitam com a ciência e o senso comum; (3) as histórias milagrosas – incluindo as da ressurreição e a ascensão de Jesus.

O Alcorão está atualmente sob ataque frequente e pesado. Os políticos e a mídia geralmente descrevem isso como a fonte que inspira o islamismo "radical", com sua guerra sagrada (jihad) contra os não muçulmanos, a impiedosa lei da Sharia e a discriminação sistemática contra as mulheres. No entanto, o argumento não para nesse ponto, pois muitas vezes se enfatiza que a Bíblia contém tanta crueldade e, como o Alcorão, endossa a violência e mesmo o genocídio. Ou, mais ainda, acentua-se que foi o próprio Deus da Bíblia quem, uma e outra vez, ordenou a morte de homens, mulheres e crianças!

Na verdade, mesmo aqueles que adotam uma visão bastante fundamentalista da Bíblia devem admitir que algumas longas passagens do Antigo Testamento não são lidas de forma muito agradável. Os detalhes do que aconteceu são, às vezes, definitivamente horríveis. Eu também não fiz o cálculo, mas alguém informou o resultado na internet. Eu cito: "Em cada página do Antigo Testamento, Deus matou alguém! No total, Deus matou pelo menos 371.161 pessoas diretamente e ordenou a morte de outras 1.862.265 pessoas".[1] Não é difícil extrair alguns exemplos

---

1. http://www.evilbible.com/

dessa crônica da morte violenta. Deus afogou toda a população da Terra, deixando apenas oito pessoas vivas (Gênesis 7: 21-23); antes do êxodo do povo de Israel do Egito, Deus decidiu matar todos os primogênitos egípcios, porque o faraó era teimoso (Êxodo 12:29); em 1 Samuel 6:19, lemos como Deus matou 50 mil homens porque ousaram olhar para a arca da Aliança; e em 2 Reis 23, 24, encontramos a horrível história de como Deus matou um grupo de crianças que caçoavam do profeta Eliseu. E assim por diante.

E o que pensar de uma história como a de Abraão, que recebeu ordem de Deus para sacrificar seu filho Isaque? Para o astro de televisão Larry King, que durante décadas apresentou o popular programa de Larry King Live Show, isso desqualifica a Deus para sempre.[1]

E o que fazemos com a história do juiz Jefté, que estava pronto para sacrificar sua filha, porque ele fizera uma promessa irrefletida a Deus (Juízes 11: 30-39)? E falando em sacrifícios, que tipo de Deus desfruta da morte de dezenas de milhares de animais para Sua honra e glória? De acordo com 2 Crônicas 7:5, o rei Salomão, por ocasião da dedicação do templo que edificou em Jerusalém, ofereceu vinte e duas mil cabeças de gado e cento e vinte mil ovelhas e cabras! Você pode imaginar um abate em escala tão monstruosa?

MILAGRES

Apenas uma semana antes de escrever o primeiro rascunho deste capítulo, participei de um simpósio de um dia da sociedade histórica da igreja da qual sou membro. O dia foi dedicado às histórias de milagres medievais. Foi fascinante ouvir dois especialistas em história da igreja medieval, pois fizeram apresentações sobre aspectos das crenças medievais em histórias de milagres e do modo como essas histórias nos contam muitas coisas sobre o tempo em que elas se originaram. Eu conhecia algumas das histórias a que se referiam, mas algumas foram completamente

---

1. Bobby Conway, op. cit., p. 72.

novas para mim. Nunca tinha ouvido falar do milagre do pão que se transformou em pedra. Esse milagre supostamente aconteceu na cidade holandesa de Leyden, em 1316. Naquele ano, quase nenhuma safra foi produzida nos campos, o que causou uma grave fome na cidade. Uma mulher, de alguma forma, conseguiu apanhar um pedaço de pão. Depois de cortá-lo em duas partes, comeu uma metade e escondeu a outra no armário. Sua vizinha descobriu e pediu a ela que lhe desse parte do pão. A dona do pão se recusou a compartilhá-lo. Isso causou um amargo conflito entre as duas mulheres. Finalmente, a mulher que escondeu o pão gritou que desejava que Deus transformasse o pão em uma pedra. Deus prontamente respondeu ao seu pedido. O pão – transformado em pedra – ainda pode ser visto no Lakenhal, o belo museu da cidade de Leyden.

Atualmente, poucas pessoas creriam em tais histórias de milagres. Essas histórias simplesmente não se encaixam na nossa experiência de como as coisas funcionam. Ao longo dos séculos, tem havido muitos que também se demonstraram céticos a respeito das muitas histórias de milagres tão comuns na Bíblia – tanto no Antigo como no Novo Testamento. O número de céticos vem aumentando constantemente, pois quanto mais aprendemos sobre as leis da natureza descobrimos explicações racionais para muitos fenômenos que, no passado, eram vistos como coincidências milagrosas. As histórias milagrosas na Bíblia não parecem se alinhar com nossa vida cotidiana. Quando deixamos cair algo em um rio ou córrego, não há nenhum profeta próximo para nos ajudar a recuperar o item, como aconteceu quando um grupo de estudantes-profetas viu seu machado desaparecer na água e Eliseu entrou em cena e fez o objeto flutuar, para que pudesse ser recuperado (2 Reis 6:1-7). E quando estamos sedentos e procuramos um lugar onde saciar nossa sede, não surge uma fonte de água em um lugar onde não havia nenhuma minutos antes. Mas foi o que aconteceu, diz-nos o relato, quando Agar estava perto da morte no deserto, e de repente viu um poço que não estava lá quando ela se sentou naquele lugar (Gênesis 21:15-21).

As histórias de milagres do Novo Testamento – principalmente as realizadas por Jesus, e também pelos próprios discípulos/

apóstolos, ou quando enfrentaram dificuldades durante sua obra missionária – são mais conhecidas por muitos de nós do que as do Antigo Testamento. Lemos sobre Jesus curando homens e mulheres com doenças físicas e mentais, e até trazendo algumas pessoas mortas de volta à vida. E também encontramos histórias que nos contam como Jesus transformou água em vinho e alimentou milhares de pessoas milagrosamente multiplicando alguns pães e peixes. Para muitos ouvintes, tais histórias soam tão improváveis quanto a história do século 14 sobre o pão que virou pedra, em Leyden.

Todas essas histórias bíblicas devem realmente ser interpretadas literalmente? Incluindo a "mãe de todos os milagres", a ressurreição de Jesus Cristo? Ou talvez exista outra maneira de entender o que aconteceu com Jesus? A ressurreição pode ser entendida em sentido espiritual? Isso poderia significar que, apesar da trágica morte de seu Mestre, os discípulos começaram a entender o grande significado do que Ele lhes ensinara e os valores que Ele representava, e que, como resultado, Jesus voltou a viver, como o Cristo, em seus corações? Para muitos, essa crença crucial é cercada por densas nuvens de dúvida. Porém deixe-me esclarecer, para que não haja algum mal-entendido, que eu pessoalmente não duvido da ressurreição corporal de nosso Senhor. O apóstolo Paulo nos lembra em 1 Coríntios 15 que a fé cristã seria totalmente sem sentido se não houvesse a ressurreição e que nada haveria para suster nossa "esperança cristã". Contudo, tendo dito isso, posso simpatizar com aqueles que não têm essa convicção.

TEÓLOGOS SOBRE DEUS

Os teólogos e estudiosos da Bíblia devem nos ajudar durante nossa peregrinação da fé. De fato, muitos deles veem isso como sua tarefa sagrada e ajudam numerosos homens e mulheres a lidar de forma construtiva com suas dúvidas. Contudo alguns teólogos, de fato, aumentaram as dúvidas na mente de muitas pessoas que os ouviram ou leram seus livros. Existem teólogos que negam a possibilidade da "revelação" no sentido clássico da palavra e enfatizam o elemento humano na origem da Bíblia, ao ponto de restar muito pouco do aspecto divino. Um teólogo holandês expressou-se nestas palavras, muitas vezes citadas: "Tudo de cima vem de baixo."[1] Em palavras um tanto mais enigmáticas, outro teólogo afirmou que "Deus é tão grande que não precisa existir".[2] Em linguagem simples, significa que Deus é um produto de nossa própria mente. Criamos nosso próprio conceito de Deus.

Para muitos crentes fiéis, foi, e é, um choque, ouvir teólogos proeminentes negar o que sempre acreditaram ser o núcleo da fé cristã: Deus existe e Ele se revelou na Bíblia (a Palavra escrita) e através de Jesus Cristo (a Palavra viva). Muitos crentes apenas balançam a cabeça e simplesmente consideram tais declarações como prova de uma infiltração satânica na igreja. No entanto, muitos outros são profundamente influenciados por essas ideias e as veem, de fato, como uma confirmação do que eles próprios estiveram pensando o tempo todo, mas não eram capazes de expressar com tanta eloquência em palavras.

Encontramos um reflexo dessa ideia – que tudo o que dizemos sobre "de cima" deve vir de baixo – no modo como muitas pessoas pós-modernas pensam e falam sobre Deus. Eles afirmam que acreditam em Deus, mas seu conceito de Deus não é – e, às vezes, não é primordialmente ou de modo algum – baseado na Bíblia. O Deus bíblico é um tipo de Deus por quem eles não se sentem atraídos. Seu Deus é muitas vezes uma mistura curiosa de elementos que eles escolheram de muitas fontes diferentes – conscientemente ou sem perceber. Seu deus definitivamente "vem de baixo".

ENTÃO, O QUE FAZER COM A DÚVIDA?

A dúvida não é um fenômeno recente. Em uma pesquisa criteriosa, porém de fácil leitura, Jennifer Michael Hecht conta em seu livro a história da dúvida como se apresentou, ao longo dos

---

1. Essa é a opinião do famoso teólogo holandês Harry Kuitert, *Alles behalve kennis* (Baarn, the Netherlands: Ten Have, 2012).
2. Consulte o título do livro de Gerrit Manenschijn: *God is zo groot dat hij niet hoeft te bestaan* (Baarn, the Netherlands: Ten Have, 2002).

tempos, de diferentes maneiras.[1] Ela traça a história da dúvida desde a antiguidade grega até os tempos "modernos". Espero que este capítulo tenha oferecido um panorama breve, mas útil, sobre o tipo de dúvidas que existem nos nossos dias e os motivos das dúvidas de muitos que estão "à margem" da igreja. Enfatizei como a questão perturbadora "por quê?" é hoje mais exacerbada em muitas mentes cristãs do que nunca. Pode haver um Deus que é amor, e ainda permite tanto sofrimento – se Ele também é Todo-Poderoso? Concentramo-nos nas dificuldades que muitos têm ao ler a Bíblia e ao tentar relacionar a fé com a cosmovisão científica da nossa era, e vimos quantos são incapazes de dar aos milagres um lugar claro no seu pensamento. O que faremos com toda essa dúvida?

Permanece, é claro, outra área de dúvida. Isso diz respeito a algumas (ou muitas?) doutrinas da igreja. Esse aspecto não é exclusivo dos adventistas do sétimo dia, mas pode afetar – pelo menos assim me parece – muitos dos meus irmãos de forma mais aguda do que a maioria dos cristãos na maioria das outras denominações. Isso, pela simples razão de que a Igreja Adventista insiste que, se queremos ser "verdadeiros" adventistas, devemos acreditar em todas as suas doutrinas "fundamentais". Precisamos prestar a devida atenção a essas áreas de dúvida (ver capítulos sete e oito). Porém antes de fazê-lo, quero compartilhar meu pensamento sobre como podemos resolver essas dúvidas e encontrar respostas para nossas perguntas. Esse é o tema da segunda parte deste livro.

---

1. Jennifer Michael Hecht, *Doubt: A History* (San Francisco: HarperCollins, 2004).

PARTE 2

Encontrando Respostas

CAPÍTULO 5

O salto de fé

Permita-me, antes de tudo, tentar remover alguns equívocos frequentes acerca das dúvidas. Os Guinness, um proeminente escritor evangélico, menciona na introdução de seu livro sobre a dúvida, três desses equívocos: (1) a dúvida é errada, pois é o mesmo que incredulidade; (2) a dúvida só está associada à fé, e não ao conhecimento; e (3) a dúvida é algo para se envergonhar, e é desonesto ficar na igreja se tiver sérias dúvidas.[1]

Um pouco adiante, em seu livro, ele menciona um ponto importante: a dúvida é universal. "Somente Deus e os loucos não têm dúvidas", diz ele.[2] Na sequência, espero desarmar esses equívocos.

Precisamos trabalhar um pouco mais o conceito de dúvida. A dúvida não é algo que só se encontra na religião e na fé. Podemos duvidar da sabedoria de certas decisões e escolhas profissionais que fizemos no passado. Podemos duvidar das conclusões que alguns estudiosos chegaram, ou duvidar da verdade das declarações feitas por nossos líderes políticos. Podemos ter certeza de como proceder com um projeto específico ou podemos duvidar que possuímos os conhecimentos necessários. Podemos ter sérias dúvidas sobre questões morais importantes. Algumas pessoas podem ter dúvidas sobre a fidelidade de seu cônjuge. A dúvida é um fenômeno generalizado e, portanto, seria estranho

---

1. Os Guinness, *Doubt: Faith in Two Minds* (Tring, UK: Lyon Publishing, 1976), p. 15.
2. Ibid. p. 31.

se não tivéssemos dúvidas ao entrar na arena da religião. A dúvida não é apenas um problema cristão, é um problema humano.¹

A dúvida não é, por definição, algo negativo. Pode tornar-se destrutiva e mesmo fatal se não quisermos enfrentá-la, e formos relutantes em pensar sobre isso e lutar com ela. Torna-se um perigo definitivo para a nossa saúde espiritual se cultivarmos e alimentarmos nossas dúvidas, como se fossem prova conclusiva de nosso pensamento independente e nossa excelente inteligência, ao invés de tentar lidar com elas.

Alguns dos "santos" do passado e do presente passaram por períodos de grande dúvida. A história de Santa Teresa de Lisieux (1873-1897) é digna de leitura. Uma freira carmelita francesa, popularmente conhecida como "A Pequena Flor de Jesus", é uma das influentes modelos de santidade dos católicos romanos, quase no mesmo nível de São Francisco de Assis. Ela morreu de tuberculose, aos 24 anos, depois de ter passado por um período de profunda dúvida. Em certo momento, ela confessou que não acreditava mais na perspectiva da vida eterna e disse que Cristo a trouxera para um espaço subterrâneo onde o sol não podia mais penetrar.² Apesar de seu período sombrio de dúvida, o Papa Pio XI a canonizou, em 17 de maio de 1925, e agora é chamada de "doutora da igreja".

Martinho Lutero experimentou um longo período de dúvida e teve um senso agudo da ausência de Deus. Ele se referiu a essas tribulações como suas Anfechtungen (Tentações) – uma crise religiosa prolongada que afetou todo o seu ser. Ele admitiu mais tarde que, às vezes, quando queria pregar, estava tão sobrecarregado com a dúvida que as palavras se congelavam em seus lábios.

E, provavelmente, para a surpresa de muitos, até a Madre Teresa de Calcutá passou por longas temporadas de secura espiritual

---

1. Bobby Conyway, op. cit., p. 46.
2. O autor tcheco Tomás Halík conta a história de Teresa de Lisieux em seu belo livro *Patience with God: The Story of Zacchaeus Continuing in Us* (New York–London-Toronto-Sydney-Auckland: Doubleday, 2009). Consulte, em particular, capítulo 3.

e um sentimento de estar desconectada de Deus.¹ Embora perpetuamente alegre em público, Teresa passou por um período de grande dor espiritual. Em mais de quarenta cartas, muitas das quais até recentemente não publicadas, lamenta a "sequidão", a "escuridão", a "solidão" e a "tortura" que estava sofrendo. Ela compara a experiência com o inferno e, em um ponto, diz que isso a levou a duvidar da existência do Céu e até mesmo de Deus.²

Dúvida não é o mesmo que incredulidade. É importante fazer essa distinção. A incredulidade é uma recusa intencional de acreditar. É uma recusa deliberada de reconhecer a possibilidade de que Deus existe e é uma rejeição explícita da fé. A *dúvida* talvez seja melhor descrita como uma incerteza de mente aberta, enquanto *a incredulidade* representa a certeza de uma mente fechada de que Deus e a fé são bobagens ou, pelo menos, irrelevantes. Li em algum lugar (não me lembro onde) que os chineses falam de alguém que duvida como alguém que tem um pé em dois barcos. A palavra inglesa *"doubt"*, bem como a palavra francesa "doute", são derivadas da palavra latina *dubitare*. Refere-se a um estado de estar dividido – de possuir duas mentes. Esse aspecto também é claramente expresso na palavra alemã Zweifel (= Zwei-falt) – Dúvida (= duas vezes).

O famoso teólogo protestante Paul Tillich (1886-1965) fez a declaração frequentemente citada (que também foi atribuída a Santo Agostinho): "A dúvida não é o oposto da fé; é um elemento da fé".³ O autor judeu Isaac Bashevis Singer (1902-1991) também foi bastante positivo quanto ao valor da dúvida: "A dúvida é parte de toda religião. Todos os pensadores religiosos tinham suas dúvidas."⁴ Alfred Lord Tennyson (1809-1892), um dos poetas mais populares da Grã-Bretanha na era vitoriana, escreveu em

---

1. Veja: Brian Kolodiechuk, ed., *Mother Teresa: Come Be My Light: The Private Writings of the Saint of Calcutta* (New York: Doubleday, 2007).
2. http://time.com/4126238/mother-teresas-crisis-of-faith/
3. Paul Tillich, *Systematic Theology*, 1975, v. 2, p. 116.
4. *New York Times*, 3 December, 1978.

seu poema *In Memoriam:* "Existe mais fé em dúvidas honestas, acredite-me, que na metade dos credos."[1]

Ter um pouco de dúvida pode aprofundar nossa fé. Pode nos dar uma fé mais rija, mais duradoura e mais resiliente. Gary Parker disse no livro *The Gift of Faith:* "Se a fé nunca encontra dúvidas, se a verdade nunca se confronta com o erro, se o bem nunca luta contra o mal, como a fé pode conhecer seu próprio poder?"[2] De todas as definições de "dúvida" com que me deparei, talvez a que eu mais aprecie seja a de Os Guiness: "A dúvida é a fé fora de foco."[3]

DÚVIDA É PECADO?

Muitos crentes que estão "às margens" se sentem mal, ou até mesmo com culpa absoluta, por ter dúvidas. Duvidar é errado, pensam eles. Ter dúvida é pecado. Eles se lembram da história de Adão e Eva no paraíso e seu encontro com o maligno, que se aproximou deles sob a aparência de uma serpente. O primeiro casal não tinha motivos para duvidar: viviam em perfeita harmonia e paz total, em um delicioso jardim. Tinham uma linha aberta de comunicação com o Criador. Porém, quando o diabo entrou em cena, trouxe com ele a dúvida. Sugeriu que Adão e Eva estariam plenamente justificados ao duvidar das boas intenções de Deus. Deus estava subtraindo coisas deles que os tornaria mais maduros, disse o diabo. Poderia isso ser verdade? Adão e Eva se questionaram. Até então, não haviam pensado nessa possibilidade. Nesse momento, a dúvida penetrou em suas mentes – com consequências fatais. Quem lê essa história fatalmente desenhará uma linha reta entre o diabo e o pecado, por um lado, e a dúvida, por outro lado.

No livro *Caminho a Cristo*, um de seus livros mais conhecidos, Ellen G. White também estabelece essa ligação direta entre

---

1. O texto completo deste longo poema é encontrado online em muitos lugares. Veja.: http://www.online-literature.com/tennyson/718/
2. Gary Parker, *The Gift of Doubt: From Crisis to Authentic Faith* (New York: HarperCollins, 1990), p. 69.
3. Guinness, op. cit., p. 61.

dúvida e pecado. O capítulo 12 deste livro é intitulado: "Expulse a dúvida". Ela começa o capítulo admitindo que os cristãos não são imunes à dúvida.

"Muitas pessoas, especialmente aquelas que ainda são novas na vida cristã, por vezes ficam perturbadas por dúvidas. Existem na Bíblia muitas coisas que elas não conseguem explicar e nem mesmo entender, e Satanás as utiliza para abalar sua fé nas Escrituras como revelação de Deus. Eles perguntam: "Como saberei qual é o caminho certo? Se a Bíblia é na verdade a Palavra de Deus, como poderei livrar-me dessas dúvidas e perplexidades?"[1]

Observamos que Satanás – o Diabo – é imediatamente trazido para o cenário. Não é difícil encontrar outros lugares onde Ellen G. White faz a mesma conexão. Tomemos, por exemplo, esta afirmação: "Satanás trabalhará engenhosamente, de maneiras diferentes e através de diferentes agentes, para desestabilizar a confiança do povo remanescente de Deus."[2]

É correto vincular a dúvida com "o diabo" e com "pecado"? Sim e não. Se assumirmos que tudo o que é negativo e problemático resulta, de uma forma ou de outra, pelo fato de sermos seres humanos, que permitiram que o "mal" entrasse em nosso mundo e infectasse nossa vida, então sim, a dúvida tem seu lugar. Contudo, essa seria uma interpretação desequilibrada. Pois, se examinarmos outras histórias da Bíblia, também teremos uma imagem diferente, que nos mostra o outro lado da dúvida. (Nós, neste momento, não nos preocuparemos com a *historicidade* das histórias bíblicas, mas nos concentraremos na *mensagem* que elas têm para nós.)

Vejamos um dos maiores questionadores que a Bíblia menciona, João Batista. Ele era o "precursor" de Jesus. Quando Jesus chegou a João, enquanto batizava pessoas no rio Jordão, ele sabia perfeitamente quem era Jesus. E percebeu que, logo que Jesus começasse Sua missão como o Messias, seu próprio ministério (o de João Batista) inevitavelmente entraria em colapso. As

---

1. Ellen G. White, *Caminho a Cristo*, p. 105.
2. Ellen G. White, *Mensagens Escolhidas*, p. 48.

narrativas do evangelho nos fornecem apenas alguns detalhes sobre João e seu trabalho, e o encontramos novamente quando ele é preso na fortaleza de Macaero, que o rei Herodes havia construído perto do Mar Morto. João está vivo, mas tem poucas ilusões sobre seu futuro. Está profundamente deprimido e seu coração, cheio de dúvida. Como pode ele ter terminado sua vida como prisioneiro? Ele, da mesma forma que muitos outros ao seu redor, acreditava que Jesus era o Messias, que acabaria com a opressão romana de seu povo. No entanto, isso não aconteceu. Jesus tinha apenas um pequeno grupo de seguidores. Ele não tinha um lugar permanente onde pudesse viver com razoável conforto, nem possuía um prédio de escritórios representativo, para poder receber os líderes de seu povo e diplomatas das nações vizinhas, como se estivesse em processo de estabelecer Seu reino.

Lemos na história que está registrada em Mateus 11:2-14, que João pôde enviar alguns de seus seguidores a Jesus. Ao mesmo tempo, tinha muita certeza: Este Jesus era o Cordeiro de Deus que tiraria os pecados do mundo (João 1:29). Entretanto, quando essa certeza se evaporou completamente e ele enviou seus discípulos a Jesus com a pergunta: "Você realmente é o que esperávamos? Ou estamos totalmente equivocados?" Pode haver uma dúvida mais intensa do que quando você investiu toda sua vida no apoio e promoção de alguém, porque você realmente acreditou nessa pessoa, e quando, no final, você se pergunta se foi tudo uma farsa, e se a pessoa em quem você confiava era talvez um impostor?

Jesus não repreendeu os homens que vieram vê-lo em nome de seu primo João. Ele simplesmente lhes disse para manterem os olhos abertos, para olhar ao redor e informar a João o que tinham visto e ouvido sobre Seu ministério. Você faria bem em voltar a essa história do evangelho e lê-la mais uma vez. E, então, não perca a observação que Jesus fez sobre João, no qual Ele o colocou na mesma classe que o grande profeta Elias do Antigo Testamento: "Em verdade, eu digo a você, entre os que nasceram de mulheres não existiu ninguém maior do que João Batista" (Mateus 11:11-14). Claramente, Jesus não viu João Batista como um pecador sem esperança, pelo fato de ele ter sido temporariamente vencido por sérias dúvidas.

A *dúvida não é igual ao pecado* – pelo menos não o pecado no sentido de uma falha pessoal que deve gerar culpa no coração de quem duvida. Descobrimos isso não só na história de João Batista, mas também em outras histórias sobre questionadores bíblicos. Todos conhecemos Tomé, um dos doze discípulos de Jesus, como um proverbial incrédulo. Dizem que Tomé não estava presente quando o Cristo ressuscitado apareceu pela primeira vez aos discípulos e que, quando Tomé ouviu relatos da aparição de Jesus, ele se recusou a acreditar que Jesus estava realmente vivo. Tomé queria provas verificáveis. Pouco depois disso, ele viu Jesus e tocou Suas feridas. Sua dúvida se dissipou e reconheceu Jesus por quem ele era: "Meu Senhor e meu Deus" (João 20:28).

Não temos como saber se a história apócrifa, nos Atos de Tomé,[1] sobre a morte do apóstolo Tomé, em 72 d.C., é histórica, mas outras fontes concordam que ele foi morto como mártir em Mylapore, um distrito da cidade indiana de Chennai. Ele foi levado para um lugar fora da cidade, onde quatro soldados o atravessaram com suas lanças. Fortes tradições colocam Tomé na Índia, onde é dito que pregou o evangelho a partir de 52 d.C. Tomé teve um impressionante currículo apostólico, apesar de ser retratado como um incrédulo no Evangelho de João (20:19-29).

João Batista e Tomé não são os únicos que duvidaram e têm suas histórias narradas na Bíblia. Pense nas histórias de Abraão e Sara, e de Zacarias, pai de João Batista. E pense em Jó. Em sua miséria, Jó lutou com uma dúvida intensa, mas ele não abandonou Deus, como sua esposa sugeriu. Ele se perguntou por que isso acontecera com ele. Não parecia justo. Como seus infortúnios poderiam ser reconciliados com a imagem de um Deus amoroso e compassivo? Ler os últimos capítulos do livro de Jó é uma experiência muito gratificante. Jó chegou à conclusão de que, em última análise, suas dúvidas foram causadas por seu conceito inadequado de Deus!

---

1. O texto do apócrifo "Atos de Tomé" pode ser encontrado em: http://www.earlychristianwritings.com/text/actsthomas.html.

(RE)DESCOBRINDO A FÉ EM DEUS

Para muitos, a conclusão final de Jó não é (ainda?) suficiente. Eles continuam a lutar com sua própria dúvida. Se a dúvida é o ponto intermediário entre a fé e a incredulidade (como acredito), como um "crente que vive às margens" se move em direção à fé, em vez de se afastar para cada vez mais longe e acabar na pura incredulidade?[1]

Com frequência, se diz que ter fé em Deus exige um grande salto. Paul Ricoeur (1913-2005), o conhecido filósofo francês protestante e renomado especialista no campo da hermenêutica (princípios de interpretação), exortou as pessoas a iniciarem sua jornada espiritual com fé e não com dúvidas, e fazer esforços intelectuais para dissipar as dúvidas. Ele os desafiou a começar com uma "aposta". Estaremos em uma melhor situação, disse ele, quando aceitarmos o risco calculado de assumir que a crença na história cristã será mais proveitosa para viver no mundo do que um esquema de ceticismo. Isso não significa que devemos simplesmente tentar esquecer nossas dúvidas e incertezas, mas que decidimos avançar com base em uma *crença hipotética*. Para fazer isso, devemos decidir nos colocar (ou garantir que permanecemos) em um ambiente onde a fé é praticada.[2] Devemos dar à história cristã a chance de nos impressionar, e então devemos esperar e ver o que ela vai fazer conosco. Se dermos esse "salto de fé", descobriremos que "só se conhece um pudim comendo"!

O ambiente tem uma grande influência sobre nossas experiências. É muito difícil desfrutar de um dos concertos de Brandemburgo de Johann Sebastian Bach enquanto se trabalha em uma oficina de automóveis, onde todos os tipos de ruídos mecânicos e outros interferiram na beleza desse maravilhoso exemplo de música clássica. Se nos sentimos tensos e apressados,

---

1. Grande parte do que se segue neste capítulo, atribuo a duas de minhas publicações anteriores: *Faith: Step by Step* (especialmente capítulo 3, p. 51-66), que foi publicado em 2006 pela Stanborough Press, Grantham, Reino Unido) e *Keywords of the Christian Faith* (Hagerstown, MD: Review and Herald, 2008), especialmente capítulo 2, p. 22-31.
2. Robert C. Greer, *Mapping Postmodernism: A Survey of Christian Options* (Downers Grove, IL: InterVarsity Press, 2003), p. 183, 184.

encontraremos mais prontamente descanso e relaxamento durante uma caminhada tranquila pela praia, ou em um agradável terraço tomando uma xícara de chá, do que enquanto viajamos em um ônibus lotado ou tentando vencer o trânsito no horário de pico. Um jantar à luz de velas em um restaurante acolhedor geralmente é mais propício para o romance do que ficar na fila no McDonald's. A atmosfera de uma catedral medieval, a leitura de um livro espiritual, uma música inspiradora, a companhia de um parceiro ou um bom amigo que é um verdadeiro crente, sendo cativado pela beleza da natureza – todas essas coisas podem criar o tipo de ambiente que facilita um sentimento de máxima dependência de Deus – a certeza intuitiva de que existe alguém que se importa conosco.

Ricoeur sugere que a fé emerge e cresce (e é mantida) melhor em um ambiente onde a "linguagem de fé" é falada. A melhor maneira de aprender e manter a proficiência em um idioma é estar imerso nessa língua. Isso também é verdadeiro em relação ao idioma da fé. Concordo com Ricoeur com base na minha própria experiência. Quando, em 1984, mudei com minha família para Camarões, país da África Ocidental, descobri que apenas uma pessoa falava inglês na instituição da igreja que eu tinha ido dirigir. Os cerca de quarenta empregados se comunicavam entre si em Bulu – uma das muitas línguas locais naquele país. A língua oficial era o francês. Eu tinha algum conhecimento básico da língua francesa dos meus dias escolares. No entanto, as primeiras semanas quase me deixaram louco, já que não entendia praticamente nada do que as pessoas me diziam. Contudo, eu as escutava e tentava conversar com elas, mesmo que minha gramática fosse irremediavelmente defeituosa e meu vocabulário extremamente mínimo. Comprei o jornal local e estudei "religiosamente" todas as noites. Decidi adicionar vinte novas palavras ao meu vocabulário de francês todos os dias. Depois de dois meses ou mais, "a ficha de repente caiu". Descobri que comecei a entender o que as pessoas diziam. Depois de mais algum tempo, me tornei razoavelmente proficiente em francês e até me arrisquei a pregar nesse idioma. No entanto, devo admitir que hoje perdi muito do meu francês, porque agora só raramente estou em um ambiente francófono. Minha experiência com a língua sueca é muito semelhante. Minha esposa e eu queríamos aprender essa língua escandinava por uma boa razão: nossas duas pequenas netas vivem na Suécia e falam sueco ao invés de holandês. Chegamos agora ao ponto em que podemos conversar com elas e, como um bônus extra, podemos ler os magníficos romances de Wallander em sua língua original! Novamente, o segredo foi mergulhar na língua sueca tanto quanto possível.

Então, diz Ricoeur, se você quiser ajudar as pessoas que tentaram em vão ter fé, deve aconselhá-los a se tornarem (e permanecerem) familiarizados com o idioma da fé.

Se você estiver entre as pessoas que estão em perigo de perder a fé, leia a Bíblia, embora, no início, isso não signifique muito para você. Mesmo se você se cansou das coisas desagradáveis da Bíblia, ler a Bíblia ainda continuará sendo uma boa ideia. (Apenas salte, pelo menos por enquanto, as seções que você achou difíceis de engolir!) Além disso: convença-se a comparecer à igreja, onde você ouvirá a língua da fé, mesmo que muitos elementos no serviço da igreja possam incomodar e mesmo que você possa conhecer pessoas das quais você preferia ficar bem longe. Ouça as orações dos outros e faça você mesmo algumas orações, mesmo que você possa se perguntar se isso tem alguma utilidade. Mais uma vez: mergulhe na linguagem da fé. Muitos que fizeram isso disseram que receberam fé ou a recuperaram. Eu uso a palavra "receber" de propósito. Pois, afinal, a fé é um presente e não é algo que resulta do nosso árduo trabalho intelectual.

Muitos dos que seguiram o roteiro que Paul Ricoeur e outros aconselharam, testemunharam que o cristianismo é verdadeiro porque "funciona". Entretanto, na verdade, ter fé exige um grande salto! Alguns diriam que é um salto no escuro ou até mesmo argumentam que a fé é uma aberração psicológica, uma disfunção mental. Sigmund Freud (1856-1939) foi o proponente mais famoso dessa visão. Considerava a crença religiosa como mera ilusão. E ele também usou palavras menos gentis, como neurose, ilusão, veneno e intoxicante. Deus, como o Pai celestial, é apenas uma projeção, disse ele, derivada de nosso subconsciente sobre nosso pai humano. Outros disseram coisas semelhantes.

Bem, Freud e outros, que pensavam e pensam como ele, têm direito a suas opiniões. Pois todas essas ideias são: *opiniões*. Não há um pedaço de evidência real para apoiar suas ideias. Deve-se notar que ao colocar tudo no domínio do subconsciente, a teoria de Freud está convenientemente além de qualquer tipo de verificação! Além disso, a sugestão de que a fé pode ser reduzida a pensamentos ilusórios, de pouca reflexão, não é muito a se recomendar. Pois é claro que muitas características da crença religiosa (por exemplo, pecado e julgamento) simplesmente não correspondem aos nossos sonhos mais profundos!

EXISTE BASE PARA A FÉ EM DEUS?

Vou tentar não me tornar muito técnico, mas o nosso tópico exige que pesquisemos um pouco mais. Vimos anteriormente que poucas pessoas hoje estão impressionadas – e convencidas – pelas "provas" clássicas para a existência de Deus. Como tenho lutado pessoalmente com a questão de saber se poderia ter certeza de que Deus realmente existe, experimentei a verdade do "método" que Paul Ricoeur recomendou. No entanto, eu também me beneficiei muito ao ler dois livros importantes. Durante as férias, vi o primeiro desses dois livros acidentalmente (ou foi providencialmente?) em uma pequena livraria de uma cidade provincial na Suécia. Perguntei-me por que estava lá, no meio de um punhado de livros medíocres sobre teologia e filosofia. Eu queria ter algo "sério" para ler, e vendo que não havia muita escolha, comprei o livro de Nancey Murphy, *Beyond Liberalism and Fundamentalism*.[1] Não lembro como encontrei o segundo livro, *Warranted Christian Beliefs*.[2] É escrito por Alvin Plantinga, atualmente professor emérito da prestigiada Universidade Católica Notre Dame, em South Bend, Indiana (EUA).

Esses dois teólogos me ajudaram a relaxar e a colocar minhas perguntas sobre a existência de Deus para descansar. Eles me disseram que não há uma "prova" concreta para a existência de

---

1. Publicado por Trinity Press in Harrisburg, PA, em 1996.
2. Publicado por Oxford University Press, Oxford/New York, em 2000.

Deus, mas que, no entanto, há bons argumentos para acreditar que Ele existe. Eles explicam em seus livros que há espaço para dúvidas, mas isso, por si só, não é um problema insuperável.

Para um pastor Adventista do Sétimo Dia é, claro, sempre uma coisa boa mencionar que Ellen G. White concorda de todo o coração com determinado ponto de vista particular! E ela, de fato, concorda nesse caso. Permitam-me, portanto, antes de avançar com a terminologia mais filosófica que encontrei em Nancey Murphy e Alvin Plantinga, citar algumas linhas de *Caminho a Cristo*, do capítulo que já citei acima:

"Deus nunca pede que creiamos sem que nos dê suficientes provas sobre as quais possamos alicerçar nossa fé. Sua existência, seu caráter, a veracidade de Sua Palavra, se baseiam em testemunhos que falam à nossa razão; e esses testemunhos são numerosos. *Apesar disso, Deus nunca removeu a possibilidade de dúvida.*[1]

Espero que você continue a ter paciência e resistência para me acompanhar quando eu deixar Ellen G. White e seguir em frente para Murphy e Plantinga. Eles abordam a questão de saber se existe uma base sólida para a nossa crença em Deus com profundidade. Como Ellen G. White, eles argumentam que sempre haverá espaço para dúvidas! (Se o que se segue tornar-se muito filosófico para você, fique à vontade para ignorar o resto deste capítulo.)

Como podemos ter certeza de que, quando falamos sobre Deus, não estamos apenas usando palavras piedosas, mas realmente falando sobre uma realidade que existe? Como podemos ter certeza de que falamos sobre um Ser pessoal, que age e intervém neste mundo em tempo real? E podemos ter certeza de que os blocos de construção da fé cristã são absolutamente e inegavelmente verdadeiros? Existem pelo menos alguns princípios morais que são atemporais e imutáveis?

Fundacionalismo é o nome dado à tentativa filosófica de descobrir tais princípios absolutos – crenças que não dependem

---

1. Ellen G. White, *Caminho a Cristo*, p. 105.

de sua justificativa através de outras crenças, mas são "básicas" ou "imediatas". Existem diferentes versões do fundacionalismo. Os fundacionalistas "fortes" ou os fundacionalistas "clássicos" baseiam-se na convicção de que todo o nosso conhecimento pode, de fato, ser fundamentado em alguns princípios absolutos e inatacáveis.[1] De acordo com tal teoria, essas crenças básicas são evidentemente verdadeiras. Em outras palavras: quando você é confrontado com esses princípios, eles atacam você com tanta força que você não pode deixar de aceitá-los como verdadeiros. Atualmente, há dúvidas generalizadas sobre a legitimidade desse fundacionalismo "forte". Ninguém, argumenta-se, pode abordar essas questões supostamente "básicas" sem quaisquer preconceitos. E mesmo que vários dos princípios que parecem ser "básicos" se apoiem mutuamente, essa chamada "confluência" não constitui uma prova definitiva da sua verdade.

Se esse fundacionalismo "forte" for uma ponte muito longa, significa que não há nada de sólido para construir; que não há nada além dos costumes sociais e preferências pessoais, e que o ceticismo total terá que prevalecer? Felizmente, podemos percorrer a estrada que geralmente se denomina "fundacionalismo modesto". De acordo com essa abordagem, devemos ter menos certezas absolutas, mas há certezas suficientes para fundamentar nossa fé (mais uma vez, Ellen G. White concorda, apesar de ela, tenho certeza, nunca ter ouvido o termo fundacionalismo). Os fundadores "modestos" dizem que suas crenças centrais não são totalmente imunes a algumas dúvidas imagináveis, mas que elas são perfeitamente aceitáveis, a menos que se tenha uma boa razão para pensar que foram abaladas. Eles são inocentes a menos que sejam provados culpados.[2]

Agora, fique comigo um pouco mais! Muitos que estudaram esse tópico insistem que algo pode ser considerado confiável, desde que um método seguro tenha sido seguido para

---

1. W. Jay Wood, *Epistemology: Becoming Intellectually Virtuous* (Downers Grove, IL: IVP Academic, 1998), p. 83.
2. Ibid., p. 99.

produzi-lo.[1] Se ideias diferentes são consistentes umas com as outras e formam um todo coerente, há uma boa razão para aceitá-las como verdadeiras. Seguindo essa linha de pensamento, não há, no entanto, pressuposto de que um conjunto de crenças justificadas venha na forma de um edifício completo, uma vez que essa metáfora tornaria sua verdade muito forte. As crenças, no entanto, afirmam Nancey Murphy e outros defensores da opinião do "fundacionalismo modesto", são interdependentes – cada crença é apoiada por sua conexão com outras crenças e, finalmente, com o todo.[2] O filósofo americano W.V. Quine (1908-2000) preferiu a metáfora de uma rede.[3] A imagem de uma rede sugere que tópicos individuais podem ser frágeis e vulneráveis, mas que todos os segmentos juntos podem formar uma estrutura sólida. Assim, as crenças individuais podem ter fraquezas e podem estar sujeitas a dúvidas, mas um conjunto de crenças coerentes nos proporciona uma base suficientemente forte para prosseguir. Alvin Plantinga (nascido em 1932) introduziu a noção de "crenças garantidas".[4] Ele argumenta que talvez não tenhamos certeza absoluta de nossas crenças como os fundacionalistas "fortes" estão procurando, mas que há uma "garantia" suficiente para manter as crenças que constituem a base do cristianismo.

Mesmo que um elemento de pensamento ilusório esteja envolvido, argumenta Plantinga, isso pode não desacreditar a noção de fé. Talvez o nosso Deus-Designer (assumindo que Ele realmente existe) nos construiu com uma espécie de desejo interno de acreditar nEle e de nos tornarmos mais consciente de Sua presença. "Os seres humanos podem muito bem ser psicologicamente

---

1. Jonathan Dancy, *Introduction to Contemporary Epistemology* (Oxford, UK: Blackwell, 1985), p. 31-32.
2. Nancey Murphy, *Beyond Liberalism and Fundamentalism: How Modern and Postmodern Philosophy Set the Theological Agenda* (Harrisberg, PA: Trinity Press International, 1996), p. 94.
3. W.V. Quine and J.S. Ulian, *The Web of Belief* (New York: McGraw-Hill Inc., 1976 ed.).
4. *Warranted Christian Belief* (New York/Oxford: Oxford University Press, 2000).

assim construídos pelo Criador para que, ao passarem por certos tipos de experiências, o resultado natural seja a crença em Deus."[1] Talvez o grande pai da igreja, Agostinho (354-430), nos apontasse nessa direção com o seu famoso ditado. *Nosso coração está inquieto até que descanse em Ti, ó Deus!*[2]

FÉ ALÉM DA RAZÃO

Antes de encerrar esta parte, deixe-me ser claro que tudo que se exibe como fé não se qualifica como tal. Há uma espécie de fé que é insalubre e que deprime as pessoas. Isso as faz sentir encaixotadas e as torna neuróticas ou temerosas. Existe o tipo de fé que resulta na arrogância desagradável de ter a verdade final sobre tudo. Esse tipo de fé promove a intolerância e muitas vezes levou a terrível perseguição.

Hans Küng, um teólogo católico romano que nem sempre era, (para dizer o mínimo) apreciado pelos líderes de sua igreja, afirmou muito bem:

> *"A crença em Deus era e é muitas vezes autoritária, tirânica e reacionária. Pode produzir ansiedade, imaturidade, estreitamento mental, intolerância, injustiça, frustração e isolamento social; pode legitimar e inspirar imoralidade, abuso social e guerras dentro de uma nação e entre nações. Porém a crença em Deus também pode ser libertadora, orientada para o futuro e benéfica para os seres humanos; pode espalhar confiança na vida, maturidade, generosidade, tolerância, solidariedade, compromisso criativo e social; renovação espiritual, reforma social e paz mundial."*[3]

Esse tipo de fé "libertadora" e "benéfica" é a fé que queremos ter ou recuperar. Somente o tipo de fé que constrói as pessoas, que

---

1. Consulte Alvin Plantinga, op. cit., p. 192-198; W. Jay Wood, ibid., p. 162.
2. Augustine, *Confessions* (London, UK: Penguin Classics, 1961 ed.), p. 21.
3. Hans Küng, *Credo* (London: SMC Press, transl. R.S. Pine-Coffin, 1993 ed.), p. 14.

as faz crescer como indivíduos e torná-las mais humanas, é digna desse nome.[1]

Algumas pessoas falam sobre fé e crença em Deus como se fosse algo estranho e anormal, ou algo que devemos ter superado no século 21. Devemos protestar veementemente contra essa ideia. Todos nós temos fé em muitas coisas, o tempo todo. Quando dirijo meu carro através de uma ponte estreita, não hesito em seguir outros carros. Não paro e faço uma verificação particular meticulosa sobre a força dos pilares embaixo da estrutura. A ponte está lá há muitos anos. Centenas de carros cruzam todos os dias. Tenho uma forte fé de que também se sustentará enquanto passo por ela.

Temos fé em muitas outras coisas. Nunca estive no Polo Norte ou no Polo Sul. (Mas quem sabe? Eu continuo sonhando com um cruzeiro para as regiões do Ártico!) No entanto, eu vi muitas fotos de pessoas que estão de pé com sua bandeira nacional no local que dizem ser o polo. Não tenho como confirmar isso. As fotos poderiam ter sido falsificadas no norte do Canadá ou na Sibéria, ou poderiam ter sido tratadas em Photoshop por um garoto em um computador em Miami. Porém, eu não sou membro da *"Flat Earth Society* (Sociedade da Terra Plana)". Eu acredito que o mundo é um globo e que há dois pontos em lados opostos que chamamos de "polos". Não duvido que algumas pessoas tenham conseguido chegar lá por vários meios. Da mesma forma, quando tomamos um ônibus ou entramos em um avião, temos fé nas habilidades do motorista ou do piloto, e quando vamos a um restaurante, acreditamos que o *chef* não nos envenenará.

H. C. Rümke (1893-1967), um dos psiquiatras holandeses mais proeminentes de meados do século 20, apresentou um argumento forte para a normalidade da crença religiosa em seu livro clássico sobre caráter e disposição em relação à crença e descrença.[2] Se definirmos a fé como confiar que algo seja verdadeiro e agir de

---

1. Anny Matti, *Moeite met God* (Kampen, the Netherlands: J.H. Kok Uitgeversmaatschappij,1991), p. 48.
2. H. C. Rümke, *Karakter en Aanleg in Verband met het Ongeloof* (Kampen: Kok Agora, 2003 ed.).

acordo com essa confiança, sem evidências intelectuais definitivas, devemos concluir, diz ele, que não há pessoas que não têm fé. Toda a nossa existência é baseada nesse tipo de fé confiante que não é diferente do instinto ou intuição. A crença religiosa é uma forma particular de fé. Sugerir que esse tipo de fé é evidência de disfunção mental ou de falta de maturidade mostra um viés não razoável.[1]

A fé, ao que parece, não pode ser equiparada à aceitação intelectual de argumentos lógicos ou a certas proposições indubitáveis. E nem mesmo o raciocínio de Plantinga sobre "crenças garantidas" afasta todas as nuvens de dúvida. A crença de que Deus existe e que podemos ter fé nEle (ou seja, podemos confiar nEle) vai além do que podemos argumentar com nossa mente, por mais brilhantes que possamos pensar que somos, e vai além do que podemos ver, ouvir ou sentir. Isso é o que o autor da carta aos Hebreus sublinha em sua famosa definição de fé: "A fé é a certeza das coisas que se esperam, a convicção das coisas que não se veem" (Hebreus 11:1). Ou, como Eugene Peterson parafraseou em sua Bíblia de Estudo "A Mensagem": "A fé é o alicerce sólido que sustenta qualquer coisa que faça a vida digna de ser vivida. É pela fé que lidamos com o que não podemos ver.[2] Essa definição não implica que devamos dizer "adeus" à razão e à inteligência. Isso não significa que Mark Twain tinha razão quando disse: "Fé é acreditar que o que você conhece não é verdade!" A fé não é uma questão de deixar nosso intelecto para trás e manifestar uma vontade de entrar em um mundo de magia ou ficção científica em que tudo é possível.

Os céticos que querem duvidar de tudo, continuarão, é claro, a argumentar que a fé deve basear-se em evidências sólidas, ou seja, em provas que podem ser verificadas pelo uso de nossos sentidos. Contudo, sempre há uma incoerência fatal nas ações e no raciocínio do cético: em situações concretas, o cético, que

---

1. Ibid., p. 29-34.
2. Eugene H. Peterson. *The Message: The New Testament in Contemporary Language* (Colorado Springs, CO: Navpress, 1993), p. 471.

acredita que não pode ter certeza de nada, sempre abandona o ceticismo dele. Quando sua casa está em chamas, ele não duvidará da realidade do fogo, mas chamará os bombeiros, pegará alguns objetos de valor e sairá da casa! Naturalmente, o motivo é importante, mas, quando há o empurrão, por que devemos confiar apenas em uma das muitas faculdades com as quais fomos dotados, e não também em outras faculdades com que estamos equipados? Por que, por exemplo, devemos confiar mais na razão do que na percepção ou na intuição? A escolha de se basear puramente na razão é, quando tudo é dito e feito, uma decisão arbitrária.[1] A fé, diz Hans Küng, "valeria pela metade se apenas abordasse a nossa compreensão e razão, e não a pessoa inteira, incluindo o coração". Não é principalmente uma questão de declarações ou doutrinas teológicas, conforme definido por uma igreja, ou de argumentos intelectuais, mas também tem muito a ver com nossa imaginação e emoções.[2]

A crença em Deus não é sem desafios, mas vale a pena "tentar".[3] Podemos sentir que temos pouca evidência para ter certeza. Mas, por outro lado, também temos muitas evidências para ignorar.[4] Talvez não tenhamos prova final, mas até agora ninguém também produziu uma prova convincente da inexistência de Deus. Crer em Deus é um ato da pessoa como um todo, de razão e coração; um ato de confiança razoável para o qual não pode haver provas rigorosas, mas para o qual existem boas razões!

UM DEUS EM QUEM PODEMOS ACREDITAR?

Agora devemos dar mais um passo – *ou saltar* – em nossa busca pela fé. Uma questão importante que devemos abordar é se a nossa fé é direcionada para o verdadeiro Deus. A fé cristã tem primeiro a ver com a confiança em uma *pessoa*. Alguns erroneamente centram sua fé na Bíblia e fazem das Escrituras seu deus.

---

1. Plantinga, op. cit., p. 217-222.
2. Küng, op. cit., p. 7-11.
3. Cf. o Título do livro de Nathan Brown: *Why I Try to Believe* (Warburton, Victoria, Austr.: Signs Publishing, 2015.
4. Nathan Brown, op. cit., p. 13.

Muitos cristãos cometem esse erro. Muitos protestantes adoram um livro e não uma Pessoa; colocam sua fé em um documento e não nAquele a quem o documento se refere. Muitos católicos romanos cometem o erro de fazer de sua igreja o foco da fé, em vez de colocar o foco em Quem a igreja foi convocada a proclamar.[1] Alguns adventistas centraram sua fé nas vinte e oito doutrinas. Nunca devemos esquecer, no entanto, que a fé genuína é uma *relação pessoa-a-pessoa*. Todo o resto é secundário.

Pois então, é claro, a questão crucial retorna: *podemos acreditar em um Deus que permite que muitas coisas terríveis aconteçam?* Não há uma resposta fácil a essa questão. Na verdade, não há nenhuma resposta conclusiva. Em última análise, a única resposta humana pode ser, se Deus é amor e sabe de tudo, Ele sabe o que está fazendo. Ele deve ter Seus motivos para deixar o mal seguir seu curso no mundo. Sim, Ele é Todo-Poderoso. Ele pode fazer todas as coisas, mas escolhe as coisas que Ele faz. Ele escolheu alistar Seu poder em suas próprias maneiras inescrutáveis. Se Deus é o tipo de Deus que a Bíblia afirma que é, Ele é todo sábio, e Sua sabedoria deve ser confiada – por mais desafiante que a confiança seja quando o desastre atinge.

Não conheço nenhuma história bíblica que melhor ilustra este ponto do que a de Jó, o patriarca que, no início da história, tinha tudo o que queria e depois perdeu tudo: seus bens materiais, sua casa, sua saúde e até seus filhos. Não é de admirar que ele tenha feito a pergunta eterna: Por quê? Seus "amigos" fingiram conhecer a resposta. Argumentaram que tinha que haver um segredo terrível na vida de Jó, pelo qual ele estava sendo punido por Deus. O próprio Jó não estava em falta para entender por que ele tinha caído em tempos tão difíceis. Sua esposa o aconselhou a deixar de acreditar em Deus.

É certo que existem alguns aspectos notáveis nessa história de perda e recuperação. Assim que eu começo a ler esse livro da Bíblia, encontro algo que acho muito difícil de entender. No primeiro capítulo, Satanás é apresentado como uma figura

---

1. *Küng*, op. cit., p. 11.

importante. Curiosamente, o diabo ainda tem acesso ao Céu e, aparentemente, ele ainda pode aparecer na presença de Deus. Ele argumenta com Deus sobre as razões egoístas de Jó e sua lealdade a Deus. Como resultado dessa discussão, Deus permite que Satanás teste Jó – apesar de Deus estabelecer um limite: Satanás não pode tirar a vida de Jó. Devo admitir que acho uma história estranha, mas o significado essencial deve ser que há muito mais envolvido no mistério do mal, do sofrimento e da morte do que podemos ver e entender. Essa história do Antigo Testamento nos diz que existe uma dimensão super-humana para o problema do mal e do sofrimento, e que, portanto, não devemos presumir que nós, como seres humanos limitados, poderemos encontrar respostas conclusivas.

A seção final do livro de Jó é uma das minhas partes favoritas da Bíblia. Ali vemos que Deus jamais pode ser definido, uma vez que Ele é infinitamente diferente de nós e infinitamente maior do que jamais poderemos imaginar. Quando os amigos de Jó não têm mais palavras e Jó mesmo não vê saída para seu dilema, Deus fala com ele "de uma tempestade violenta" e argumenta perguntando a Jó uma longa série de perguntas intrigantes:

> Por que você complicou tanto a questão?
> Por que você fala sem saber do que está falando?
> Recomponha-se Jó!
> Ponha-se de pé! Erga a cabeça!
> Tenho algumas perguntas para você,
> e quero que responda de forma direta.
> Onde você estava quando criei a Terra?
> Diga-me, já que sabe tanto!
> Quem decidiu seu tamanho? Por certo você sabe essa!
> Quem planejou as medidas?
> Como sua fundação foi moldada,
> e quem pôs a pedra principal?...
> Alguma vez você ordenou à manhã: "Levante-se!",
> ou disse qual era o lugar do amanhecer?
> Do mesmo modo, poderia segurar a Terra nas mãos
> e sacudir os ímpios para fora dela?

Você encontrou o verdadeiro sentido das coisas?
Explorou as cavernas obscuras do fundo do oceano?
Você conhece os segredos da morte?
Você viu os mistérios da morte?
Você faz ideia da largura da Terra?
Fale, se é que você consegue!

(Jó 38, paráfrase *A Mensagem*)

Apenas citei algumas das longas listas de perguntas que Deus dirigiu a Jó. Ele claramente entendeu a mensagem. Suas queixas cessam. Jó finalmente conseguiu ver as coisas na perspectiva certa:

> Jó respondeu a Deus: "Estou convencido: Tu podes fazer tudo, qualquer coisa! Nada, nem ninguém pode frustrar teus planos... Falei sobre coisas que estão além da minha compreensão, fiz pouco das maravilhas que estão acima do meu entendimento." Tu me disseste: "Tenho algumas perguntas para você, e quero respostas diretas." *Agora, confesso: antes eu ouvi falar a teu respeito; mas agora te conheço, pois vi com meus próprios olhos.* Por isso, retiro tudo que disse, sou um miserável! E me arrependo profundamente, perdoa-me."

(Jó 42:1-6, paráfrase A Mensagem, itálico acrescentado pelo autor.)

Não vou entrar em uma discussão sobre se a história de Jó é ou não histórica em todos os seus detalhes. Para mim, não é tão importante, se nos tempos patriarcais havia um homem real chamado Jó, que possuía exatamente sete mil ovelhas e cabras e três mil camelos, e que tinha uma esposa, sete filhos e três filhas. Não me preocupo indevidamente se a história inteira sobre o que aconteceu com ele é historicamente precisa. Em qualquer caso, é difícil acreditar que os "amigos" de Jó conversaram com ele na maneira como seus discursos são apresentados no livro de Jó. Uma discussão sobre a historicidade pode ser interessante, mas falta o porquê desse "livro" ter sido incluído no cânon bíblico. Tornou-se parte do cânon bíblico em razão da sua perspectiva sobre o sofrimento humano. Isso nos diz que o sofrimento é real e pode nos deixar alquebrados e desesperados. Isso destaca o fato de que todas as teorias humanas permanecem vazias e insatisfatórias – como devemos concluir quando ouvimos as palavras bombásticas dos amigos de Jó. No entanto, também quer nos convencer de que Deus tem a última palavra. Deus é apresentado como Aquele que pode ser confiável por razão de quem Ele é.

Repito: a fé cristã tem primeiro a ver com a confiança em uma "pessoa". Devemos admitir que não podemos – e nunca conseguiremos nesta vida – entender por que Deus não interfere quando "coisas ruins acontecem com pessoas boas". Ao mesmo tempo, devemos reconhecer que Ele, de fato, interfere com muito mais frequência do que reconhecemos. Se o mal é totalmente destrutivo, devemos às constantes intervenções amorosas de Deus o fato de ainda estarmos vivos e, apesar de toda miséria, podermos experimentar muita alegria e beleza. O mistério de por que ainda há muito bem, é talvez, tão grande quanto o mistério de por que há tanto mal. Ao pensar nessas coisas, lembremo-nos sempre de que Deus deve ser e sempre deve permanecer Deus. Se pudéssemos compreendê-lo completamente, Ele não seria mais Deus, mas seria rebaixado ao nosso nível. E quem precisa desse tipo de Deus?

Neste ponto, precisamos dar mais um salto de fé! Se Deus – como os cristãos o veem e a Bíblia o descreve – existe, e se as palavras de João 3:16 são verdadeiras, "que Deus deu o Seu Filho único", somos confrontados com um sacrifício tão imenso e muito além de qualquer compreensão humana, que devemos nos perguntar se sobra alguma justificativa para ter dúvidas sobre Deus, por conta das coisas ruins que nos acontecem pessoalmente e no mundo. Se é verdade que Deus desistiu do que era mais querido para Ele em nosso favor, devemos pausar e pensar duas vezes antes de acusá-lo de não mostrar amor suficiente para conosco. Se pudermos acreditar que Deus sacrificou Aquele que era mais querido para Ele, por nossa causa, nós realmente temos uma base sólida para confiar em Deus.

COMO OBTER FÉ, SE VOCÊ QUISER?

Devemos voltar por um momento à questão de onde e como a fé se origina. Você pode simplesmente escolher ter fé? Ou escolher não ter? Algumas pessoas nascem com uma capacidade especial para ter fé? É uma questão primordial de ambiente e educação? Por que algumas pessoas gostariam de se afastar de sua fé e não conseguem descartá-la, enquanto outras dizem que invejam pessoas que têm fé, mas afirmam que não sabem como obter essa fé por elas mesmas? Isso está longe de ser simples.

Porém, não seria razoável acreditar que, se Ele realmente existe e é de alguma forma responsável pela nossa origem, Deus nos criou com uma capacidade de fé? Em outras palavras, que há algo em nós que reconhece o fato de que Deus está lá e nos alcança – que Ele quer comungar conosco. Chame-o de sexto ou sétimo sentido, ou dê-lhe um nome em latim, como fez o reformador da igreja do século 16, João Calvino[1] – ou descreva-o como a certeza interior de que existe um Deus que não só existe, mas que Se importa – o que quer que você chame, está lá. Poderíamos dizer que, quando as pessoas não conseguem se sintonizar com essa sensação de presença divina, sua antena ficou tão enferrujada que o sinal já não passa?

A capacidade de receber e dar amor parece bastante semelhante, penso eu, à capacidade de crença religiosa. Para a maioria das pessoas, o amor é algo natural. Desde os primeiros momentos de sua vida, mesmo antes de poder caminhar e conversar, as crianças são capazes de responder aos sinais de amor de sua mãe. Não temos como explicar esse surpreendente mecanismo de amor, mas está lá. A menos que haja algum distúrbio de personalidade, ou a menos que algo esteja muito errado em nossos anos de infância, crescemos com essa misteriosa capacidade de reconhecer o amor, recebê-lo e dar. O amor, podemos dizer, é um presente que nos foi dado. Não depende de argumentos intelectuais, mesmo sabendo que não devemos amar sem usar o cérebro. No entanto, existem graus na capacidade das pessoas para dar e receber amor. Algumas pessoas já não parecem ter a antena para receber sinais de amor dos outros e, de alguma forma, não

---

1. João Calvino, um dos principais líderes do protestantismo do século 16, usou o termo *sensus divinatis*, ou seja, uma consciência interior da presença divina.

conseguem responder a tais sinais. Contudo, isso não nos leva a duvidar da realidade e da normalidade do amor.

A fé – a capacidade de acreditar e confiar totalmente em Deus e o desejo intenso de saber mais sobre Ele e de aprender o que Ele quer de nós e para nós – também é um presente. Todos receberam esse presente em maior ou menor grau. Paulo, um autor bíblico que escreveu uma série de cartas para algumas igrejas cristãs do meio do primeiro século, sugere que Deus, desde o início, implantou algum conhecimento básico sobre Ele na mente de todas as pessoas. Ele aponta especificamente para a natureza como fonte de consciência de Deus, quando afirma: "Desde sempre que o mundo foi criado, as pessoas viram a Terra e o céu. Por tudo o que Deus fez, eles podem ver claramente suas qualidades invisíveis – seu poder eterno e sua natureza divina. Então eles não têm desculpas para não conhecerem Deus" (Romanos 1:20 NLT).

Essa consciência do divino não vem como resultado do pensamento profundo ou da leitura de livros filosóficos sofisticados, ou mesmo através de um estudo diligente da Bíblia, embora todas essas coisas tenham seu lugar. Vem a nós como um presente. E se a perdermos, pode ser recuperada. O apóstolo Paulo, que acabamos de citar, também escreveu a outra igreja local sobre os conceitos de graça e fé como presentes de Deus (Efésios 2:8). Esse presente pode, de alguma forma, simplesmente cair como se fosse do céu, mas, como regra, fazemos bem em ir aos lugares onde o presente é mais comumente distribuído.

As pessoas que acreditam, contam histórias diferentes sobre como se tornaram crentes. Alguns dizem que no fundo sempre foram crentes, mas por algum tempo não estiveram cientes disso. Outros pode apontar um momento preciso em que experimentaram a fé pela primeira vez. Ainda outros não podem dizer exatamente como vieram a acreditar. Porém, as pessoas que falam com você sobre a história de sua fé geralmente não se referem a argumentos intelectuais, embora muitas vezes tenham proporcionado mais profundidade à sua fé. Ao apontar para quando e onde a fé começou, quase sempre falam em uma linguagem de percepção sensorial. Dizem que sentiram uma presença divina;

ou ficaram surpresos ao olhar para o céu estrelado durante uma noite clara. Eles falam em termos de admiração, de ser tocado em seu eu mais íntimo. De repente, sentiram que deveriam orar e sentiram que suas orações eram ouvidas. E assim por diante. Não há dúvida de que a fé tem um forte componente experiencial. Ela alcança nossa mente, mas certamente também nossas afeições.

Podemos decidir que teremos fé, ou que queremos voltar para a fé que já tivemos, e também podemos nos recusar a ter fé em Deus? Deixe-me citar Rümke novamente:

"Jamais consegui observar um caso no qual alguém encontrou a fé através do pensamento ou da vontade. Quando olhamos para aqueles que dizem que foram levados à fé por argumentos racionais, sempre achamos que o termo "racional" deve ser tomado em um sentido muito solto. Analisando um pouco mais profundamente, essas pessoas concordarão que o processo de pensamento continha vários aspectos que são idênticos à confiança crente.

"Ao estudar aqueles que dizem ter adquirido fé através da vontade, muitas vezes descobri que sua fé não era genuína, ou que essa vontade de acreditar era, na verdade, uma forma de fé que de alguma forma havia se desenvolvido.

"Não posso dizer que seja absolutamente impossível que haja casos em que a razão de fato que tenha levado à fé. Só posso dizer que jamais encontrei tais casos. Contudo, eu penso que o "pensar" e o "querer" podem desempenhar um papel importante no processamento interno da nossa experiência e na importância que atribuímos à religião."[1]

A metáfora do *salto de fé* é muito apropriada. A fé muitas vezes tem sido descrita como uma aventura, ou como iniciar um caminho sem saber onde isso irá levá-lo. Esse foi o tipo de fé que, segundo a história da Bíblia, Abraão teve, depois que foi chamado por Deus para deixar a cidade onde se instalou e viajar para um

---

1. Rümke, op. cit., p. 37.

destino desconhecido. Ele não tinha as coordenadas precisas para colocar em seu GPS, para que simplesmente pudesse seguir a voz masculina ou feminina de língua hebraica, programada para lhe dar instruções em cada encruzilhada ou desvio. Ele recebeu seu roteiro em pequenos segmentos. A história de Abraão ilustra que a fé contém um elemento de aventura. No entanto, essa aventura de fé não é um salto cego no escuro, sobre um abismo de largura totalmente desconhecida. O tipo de coisas que nos pedem para acreditar não são como o estranho fenômeno no mundo de Haruki Marukami ou Harry Potter. Eles podem não estar abertos à verificação sensorial ou à inspeção laboratorial, mas fazem parte de uma rede de "crenças justificadas" e se encaixam em uma história coerente.

Como você dá esse salto? Ou, para usar novamente a outra metáfora, onde você vai receber o "presente" da fé? Não posso propor um programa de doze passos que o ajude a passar da incredulidade para a crença. Não funciona dessa forma. Porém, creio que é uma suposição "garantida" de que Deus nos criou com capacidade de fé e que Ele está mais do que preparado para dar o dom da fé mais uma vez para aqueles que a perderam de alguma forma. Entretanto, Ele pode, por vezes, esperar até sentir a ocasião certa? Deus talvez aguarde até que o receptor humano tenha a atitude apropriada, uma abertura e apreciação pelo presente? Acima de tudo, devemos lembrar que a fé exige expectativa e abertura. Devemos estender nossa mão, se quisermos ganhar o presente. Devemos estar dispostos a dar um passo à frente, e dar o salto.

E devemos orar. Se paramos de orar, devemos voltar ao hábito de orar. Claro, posso ouvir a objeção imediata: "A oração não precede a fé, mas segue a fé. Os crentes oram. Os incrédulos não oram". Em certo sentido, está correto. Aqueles que têm fé em Deus querem conversar com Aquele em quem acreditam. Porém, ao mesmo tempo, também é verdade que a oração pode levar à fé. Se existe esse Deus que quer que tenhamos fé, não teria ouvidos abertos para as mais primitivas orações que dizem: "Querido Deus, por favor, me dê esse presente"? E se sentimos que nossa fé é fraca e não sabemos como orar, não devemos repetir a breve oração do homem desesperado que veio a Jesus quando seu filho estava prestes a morrer: "Eu creio; me ajude a superar minha incredulidade"? (Marcos 9:24).

DEUS PODE SER ENCONTRADO

A boa notícia para os que ainda estão "nas margens", com dificuldade para crer em Deus e confiar nEle quando veem tanta loucura e sofrimento no mundo, é que a dúvida pode ser superada e que nossa dúvida pode de fato nos ajudar a crescer e tornar-nos crentes maduros, saudáveis e equilibrados. Eu recomendo que, se você quiser exemplos de pessoas que superaram suas dúvidas sobre Deus, e que encontraram Deus (pela primeira vez ou depois de passarem por um período sem Deus), você procure livros que contam histórias de pessoas que encontraram Deus. Há inúmeros livros com essa abordagem. Fui muito encorajado ao ler o livro de John M. Mulder, *Finding God*.[1] E, pensando acerca do sofrimento no mundo, o qual causa tanta dúvida, encontrei o livro de C. S. Lewis, *The Problem of Pain* (O Problema do Sofrimento), muito inspirador. Lewis, que não foi poupado quando se tratava de sofrer, fez esta notável observação que nos obriga a refletir: "Vi muita beleza de espírito em alguns que eram grandes sofredores. Eu vi os homens crescerem e melhorarem, não piorarem, ao avançar os anos, e vi a última doença produzir tesouros de fortaleza e mansidão em indivíduos impenetráveis".[2]

Infelizmente, muitas pessoas perdem a fé e fazem isso por diferentes motivos. Mas o contrário também é verdade. Muitos homens e mulheres (re)descobrem a fé e conseguem fazer dela uma parte central de sua vida. Se você é um "crente que está nas margens da igreja", exorto você: não abandone sua fé. Deus existe e você pode ter um relacionamento pessoal com Ele que dará um novo significado à sua vida. Se sua fé gradualmente foi corroída ou até desapareceu, comece a procurar novamente o "dom" da fé. Apesar de todas as minhas dúvidas e incertezas, ainda acredito que esta é a melhor coisa que uma pessoa pode fazer.

---

1. Publicado por William B. Eerdmans in Grand Rapids, MI, 2012.
2. C. S. Lewis, *The Problem of Pain* (Glasgow, UK: Collins, 1989 ed.), p. 86.

CAPÍTULO 6

Por que devemos permanecer na Igreja

Foi em 1985, alguns meses depois da minha chegada como um "missionário" da Igreja Adventista do Sétimo Dia, em Yaoundé, a capital de Camarões, país da África Ocidental. Acho que eu não era imune ao choque cultural: viver e trabalhar em uma cultura totalmente diferente com hábitos e regras "estranhas", lidar com um novo emprego, ter que suportar um clima quente e úmido e ser obrigado a se comunicar na língua francesa era muito desafiante. No entanto, o maior problema provavelmente era que eu tinha vindo com uma visão bastante ingênua e romântica da igreja nessa parte do mundo. Eu estava acostumado com o materialismo da Europa Ocidental. Pensava que tinha deixado isso para trás, quando nosso avião decolou em Amsterdã, mas nada poderia estar mais longe da verdade. Na África nada, absolutamente nada – e isso também se aplica em grande medida à igreja – acontece a menos que o dinheiro seja trocado.

Não demorou muito para descobrir que, em muitos casos, deixar de pagar um suborno (dar um pequeno *cadeau* – um pequeno "presente") não era uma opção viável se eu quisesse realizar algo. Em pouco tempo, descobri que a corrupção também era desenfreada na Igreja Adventista. Um dos funcionários do escritório da sede nacional estava envolvido em um grande negócio bastante suspeito de importação de automóveis usados. Outro líder da igreja tinha defraudado a igreja por uma quantidade substancial – significativa, mesmo pelos padrões ocidentais. Ele não foi demitido, mas foi readmitido para a faculdade denominacional para servir como professor de ética. (Não, não estou inventando isso!)

Então, talvez não fosse tão estranho que, num dado momento, eu me sentisse um tanto deprimido. Uma tarde, tive que resolver alguns negócios na cidade e decidi parar para tomar um café em um dos cafés ao longo do Boulevard Kennedy – a principal rua comercial de Yaoundé. Pouco depois de me sentar com o meu grande café preto, fui recebido por um missionário de outra denominação, com quem já havia me encontrado algumas vezes. Convidei-o a se juntar a mim à mesa para conversar. Quando ele me perguntou como as coisas estavam indo para mim, aproveitei para compartilhar com ele algumas das minhas preocupações e falei o quanto estava desapontado com as muitas coisas deploráveis que estava começando a notar na minha igreja. Sua resposta foi bastante surpreendente. "Oh", ele disse, "estou neste país há um bom tempo e realmente conheço um pouco sobre o que acontece na sua igreja. Se você acha que a situação na Igreja Adventista é ruim, deixe-me dizer que na minha igreja é muito pior. "O presidente da minha igreja opera um bordel!" Esse comentário de coração aberto me incentivou muito! Afinal, minha igreja pode ter suas deficiências, mas não é a pior!

Bem, eu poderia lhe contar muitas outras histórias aterrorizantes. Você não pode trabalhar para a igreja por mais de quarenta anos, e passar incontáveis horas em reuniões administrativas, sem ouvir regularmente sobre situações que fazem você querer vomitar. E não posso reivindicar ser perfeito. Sempre tentei ser honesto e decente, mas devo admitir que me arrependo de algumas das decisões imprudentes que fiz nas instituições onde estive no comando – decisões que às vezes prejudicaram as pessoas ou danificaram a reputação da igreja. Eu poderia acrescentar que, às vezes, também fui ferido pela forma como os membros da igreja me trataram e por algumas acusações dolorosas. Fui chamado de nomes e alguns até sugeriram que era jesuíta infiltrado na Igreja Adventista. (Se você duvida disso, faça uma busca na internet. Porém, mesmo que eu quisesse ser um, não saberia como recrutar!)

Percebo que muitos que estão em dúvida se devem sair ou ficar na igreja poderiam contar histórias muito piores sobre como foram tratados por uma organização da igreja ou por membros da igreja – histórias que muitas vezes me deixam envergonhado. Muitos sofreram graves injustiças, foram vítimas de calúnias viciosas, discriminação vergonhosa ou intolerância, ou foram tratados com desrespeito e indiferença. Mais cedo, neste livro, vimos como a igreja cristã muitas vezes não conseguiu atender às expectativas das pessoas e discutimos alguns dos principais motivos pelos quais as pessoas em massa deixaram a religião organizada. Concluímos também que a Igreja Adventista está em crise por muitas das mesmas razões que o cristianismo em geral. No entanto, apesar de tudo isso – e apesar de algumas experiências pessoais muito tristes, eu quero ficar com minha igreja. E, neste capítulo, quero desafiar todos os "crentes nas margens" para ficar comigo na Igreja Adventista ou para retornar a ela. Acredito que vale a pena fazê-lo, mesmo que nem sempre seja fácil.

PRECISAMOS DA IGREJA?

Muitas vezes ouvimos as pessoas dizerem: "Acredito em Deus, mas não preciso da igreja para isso. A fé é uma relação pessoal entre Deus e eu, e não preciso da igreja para manter contato com Deus." Isso pode ser verdade, pelo menos até certo ponto. Conheço pessoas que ficaram firmes na fé, mesmo quando estavam totalmente isoladas dos outros. Penso em Meropi Gijka. Ela morreu em 2001, com a idade de 97 anos. Tive o privilégio de conhecê-la durante uma das minhas muitas visitas à Albânia, no período em que trabalhei no escritório regional da Igreja Adventista do Sétimo Dia que, na época, servia a 38 países. A Albânia era um desses. Na verdade, eu organizei a visita de Meropi à sessão da Associação Geral, em 1995, em Utrecht.

Meropi aprendeu sobre o adventismo através de um missionário americano que trabalhou por pouco tempo na Albânia (e que foi preso e morreu por sua fé), pouco antes de a Albânia ser isolada do resto do mundo, para ser governada por Enver Hoxha, o cruel ditador comunista, que baniu todas as formas de religião de seu país. Até mesmo possuir uma Bíblia poderia colocar uma pessoa em perigo mortal. Por quase cinquenta anos, Meropi permaneceu uma crente fiel, lendo secretamente a Bíblia, que ela cuidadosamente ocultou. Ela tinha um grande desejo: chegaria o momento em que ela poderia ser batizada e que haveria uma igreja na Albânia, onde ela poderia adorar junto com outros crentes adventistas. Enquanto esperava que isso acontecesse, ela colocou seus dízimos fielmente em uma caixa de lata, que ela escondeu debaixo da cama e que entregou aos primeiros representantes da Igreja Adventista que visitaram o país, após a queda de Enver Hoxha. Para mim, Meropi é a prova inegável do fato de que não há necessidade da igreja para ser crente. No entanto, é minha opinião firme que, em circunstâncias normais, a fé em Deus e o senso de pertencimento a uma comunidade de crentes seguem juntos. Existe uma ampla prova de que não fazer parte de uma comunidade de fé muitas vezes leva a um enfraquecimento gradual, ou mesmo ao desaparecimento da própria fé.

Se você acredita em Deus e quer ter um relacionamento cordial com Ele, acho que existem pelo menos sete razões pelas quais você deve considerar um privilégio importante ser membro de uma comunidade de fé.

1. Fomos criados como seres sociais, "feitos" para estar juntos e fazer coisas juntos.
Existe uma forte tendência no mundo atual de fazer as coisas sozinho. Você notou quantos jovens hoje em dia escolhem permanecer solteiros e viver sozinhos? Dos dezessete milhões de habitantes nos Países Baixos, 2,7 milhões vivem só. Porém mesmo que compartilhemos um lar com outras pessoas, fazemos muitas coisas sozinhos. Basta pensar na quantidade de tempo que os jovens (e também os não tão jovens) passam na frente da tela do computador ou estão mexendo no seu smartphone. Sim, vivemos em uma era de individualismo.

Por outro lado, a maioria das pessoas também gosta de estar junto com outras pessoas. Elas vão para grandes eventos; gostam de festivais de música e partidas de futebol, lugares onde possam estar junto com milhares de outros. E elas querem entrar em contato com outras pessoas através das mídias sociais. Ter algumas centenas de "amigos" no Facebook é bastante comum, e ter alguns milhares não é excepcional.

Os cristãos devem lutar pelo equilíbrio. Precisam de tempo sozinhos para nutrir sua fé. Contudo, é natural procurar outros que também acreditam que a fé é uma faceta importante da vida. A igreja é um facilitador desse processo, ao juntar os crentes.

2. Precisamos do apoio de outros.
Esse é um fato simples da vida. Precisamos do apoio de outros, especialmente quando enfrentamos grandes problemas ou desafios. Você já tentou perder peso sozinho? Por que milhões em todo o mundo se juntaram aos Vigilantes do Peso ou algum grupo ou organização similar? Por que há tantos grupos de apoio para pessoas com deficiência física? E por que há tantas associações de pacientes (com diabetes, câncer, ELA, etc.)? As pessoas encontram apoio ao se juntarem a outros que estão em circunstâncias semelhantes, especialmente quando passam por situações de crise. É porque todos nós precisamos de encorajamento e apoio, e porque, juntos, temos melhores chances de sucesso para enfrentar uma situação difícil.[1]

No passado, a Igreja Adventista organizava "planos de cinco dias" para ajudar as pessoas a vencerem o hábito de fumar. A igreja iniciou essas atividades inovadoras num momento em que poucas organizações se importavam os males do tabaco. Por que essas atividades foram bem-sucedidas? Porque os esforços individuais dos participantes eram apoiados por um grupo. As pessoas que desesperadamente queriam parar de fumar estavam juntas.

Há vários anos, participei de um evento de caminhada na Holanda. Cada ano, cerca de 40 mil pessoas participam dessa aventura de quatro dias e caminham 30, 40 ou 50 quilômetros por dia, dependendo da idade. Eu estava no grupo dos 40 quilômetros. Para surpresa de muitos, completei os 160 quilômetros com sucesso, sem nenhuma bolha nos pés. No entanto, estou certo

---

1. Jonathan Haidt, *The Righteous Mind* (London, UK: Penguin, 2012), p. 285.

de que não teria completado o percurso se estivesse sozinho. Provavelmente teria desistido no terceiro dia – o "dia das sete colinas" – senão antes. Porém, eu "tinha" que continuar, porque eu estava junto com três colegas. Juntos, todos chegamos ao final. Acredito que, como regra geral, também precisamos de outras pessoas para nos mantermos espiritualmente. E outras pessoas devem poder contar conosco para apoio espiritual. Como um autor colocou: "A religião é um esporte de equipe."

3. Nós nos completamos.
Todas as partes do nosso corpo físico têm um papel muito específico. Quando eu tinha cerca de quarenta anos, às vezes era acusado de ser um viciado em trabalho, e não posso negar que havia algo de verdade nisso. Se eu estivesse preocupado com qualquer aspecto da minha saúde, era principalmente com meu coração. As pessoas me diziam: "Cuidado, diminua a velocidade; ou logo você terá um ataque cardíaco." Ao longo dos anos, descobri que também tenho outros órgãos, como a vesícula biliar e a próstata, que podem causar sérios problemas. Deixamos de funcionar corretamente se algum de nossos órgãos vitais já não trabalha da maneira que deveria.

Acontece o mesmo no "corpo de Cristo". A Bíblia usa toda uma gama de diferentes metáforas para descrever a natureza e o funcionamento da igreja. As que se referem à igreja como um "corpo" me atraem mais. Cada um de nós, esteja ou não "à margem" da igreja, tem certos dons e talentos, e é igualmente verdade que para cada um de nós faltam outras habilidades e competências importantes. Isso significa que jamais posso dizer que a igreja pode funcionar tão bem sem mim. A verdade é que não pode! Todos somos necessários porque nos complementamos. Por si só, isso pode não ser suficiente para nos manter na igreja, ou para nos fazer voltar, mas merece uma consideração séria.

4. Fazer coisas juntas dá alegria e satisfação.
A maioria das pessoas gosta de celebrar ocasiões especiais com outros – parentes, amigos ou colegas. Casamentos, festas de aniversário, comemorações e encontros diversos, são importantes

para todos. Eu sempre gosto de assistir (pela TV) à "última noite dos Proms" no Royal Albert Hall, em Londres. Mexe comigo ver o entusiasmo e a energia que é transmitida, quando todos se juntam ao canto de *Land of hope and glory* – *mother of the free*. Você pode cantar quando está em casa sozinho em seu banheiro, pode orar enquanto vai de carro para o trabalho e pode conversar ao telefone com um amigo. Mas, cantar juntos, orar juntos, discutir assuntos juntos, desfrutar da companhia de outros e confortar uns aos outros quando há tristeza – tudo isso dá uma dimensão extra à nossa vida de cristãos. A igreja é o lugar onde tudo isso ocorre.

5. *Algumas bênçãos só podem ser experimentadas na igreja.*
Algumas atividades cristãs não exigem a companhia de outros. Você pode ler sua Bíblia em qualquer dia da semana, sempre que puder, em alguns momentos. Se você quiser meditar, só precisará de momentos e lugares de silenciosa solidão. Porém, muitas outras coisas só podem acontecer quando você está junto com outras pessoas. O batismo é um excelente exemplo. É o reconhecimento público do nosso compromisso com Jesus Cristo e de nossa fé nEle. Sela nossa decisão de confiar em Deus e tentar viver de acordo com os valores cristãos. Isso é verdadeiramente suficiente, mas no Novo Testamento, o batismo também está ligado a tornar-se parte de uma comunidade de fé. O apóstolo Paulo disse que somos "batizados em um só corpo" (1 Coríntios 12:13). É uma experiência que tem um significado profundo para nossa vida pessoal. Entretanto, ao mesmo tempo, nos conecta com os irmãos na igreja.

Uma das atividades centrais de adoração na igreja cristã é o serviço da comunhão, também conhecido como a Ceia do Senhor. Os católicos romanos e algumas outras denominações falam da Eucaristia ou da missa. As "teologias da comunhão" diferem muito. Alguns veem a Ceia do Senhor como uma espécie de repetição ou reedição do sacrifício de Cristo, enquanto que para outros é estritamente simbólica. A maioria dos protestantes – adventistas incluídos – não acredita que os sacramentos, como, por exemplo, a Ceia do Senhor, tenham poderes mágicos. Porém, a maioria das pessoas que participam do serviço da comunhão vai dizer que é muito significativo. Essas pessoas podem não ser capazes de descrever exatamente o que é que torna tão especial comer um pequeno pedaço de pão e beber um pouco de vinho, mas de alguma maneira sentem que isso os fortalece e encoraja e que é essencial para a sua peregrinação de fé.

Claro, é possível meditar sobre o sacrifício de Cristo enquanto você faz uma caminhada solitária ao longo da praia. Você pode ficar em casa e ler o relato do evangelho referente à última semana da vida de Jesus ou ouvir a *Paixão segundo São Mateus*, de Bach. Entretanto, sentar-se à mesa do Senhor é uma das maiores bênçãos ao pertencer a uma igreja.

6. Precisamos que a igreja cresça espiritualmente.
Se quisermos crescer e ser fisicamente saudáveis, devemos comer o alimento certo. Isso também é verdade acerca da vida espiritual. Afastar-se "das margens" da igreja requer algumas iniciativas que se acumulam quando são realizadas coletivamente. Podemos ser reavivados, crescer espiritualmente e lidar com nossas dúvidas quando ouvimos a Palavra de Deus sendo pregada, lemos a Bíblia juntos e participamos de momentos litúrgicos.

É frequentemente dito que o sermão é um veículo de comunicação totalmente ultrapassado. Por que um grande número de pessoas deve ouvir silenciosamente o que um homem (ou mulher) tem a dizer? Mesmo que o orador esteja bem preparado e seja eloquente, acima da média, o sermão não obtém pontuação alta na escala de apreciação de muitos adoradores da igreja. No entanto, acredito que de alguma forma o sermão é mais do que um monólogo de 30 minutos ou uma palestra sobre um assunto religioso. Quando a Palavra de Deus é pregada no contexto de um serviço de adoração, o que é dito ganha um valor agregado. Ao longo dos séculos, os membros da igreja sentiram que, através das palavras do pregador, a Palavra de Deus pode chegar até eles. Ouvir um sermão é parte de se expor à linguagem da fé (como discutimos no capítulo anterior) e isso pode se tornar muito significativo se recebido por um coração e mente abertos.

7. *Finalmente, os cristãos receberam o mandato de proclamar o evangelho ao mundo.* Se é verdade que Deus existe e, se acreditamos que Ele demonstrou seu cuidado infinito por nós, dando seu Filho, Jesus Cristo, por nós, torna-se essencial comunicar essa "boa notícia" aos outros. Em termos bíblicos, esse tipo de comunicação é chamado de "testemunho". É algo que, em primeiro lugar, é feito na base de um para um. Os crentes cristãos devem ter a convicção e a coragem de compartilhar sua fé com as pessoas ao seu redor. Contudo a "comissão do evangelho" envolve mais do que isso. Também exige uma organização, com estratégias, instalações físicas, recursos financeiros e de pessoal. Esse é um dos principais motivos da existência da igreja: compartilhar o conhecimento de Deus e contar ao mundo da forma mais eficiente possível sobre as coisas que Deus faz por nós. Ninguém que acredita nas boas novas do evangelho pode ignorar esse aspecto crucial de ser um crente!

ONDE ESTÁ A IGREJA DA QUAL EU GOSTARIA DE FAZER PARTE?

O quê? Será que depois do que você leu acima, está agora pensando: "Isso está indo um pouco rápido demais para mim. O que foi dito na seção anterior poderia até repercutir em mim, se eu soubesse de uma congregação onde pudesse experimentar todas as coisas boas que você acabou de mencionar." A realidade é que muitos, mesmo que tenham mantido a fé em Deus ou a tenham reencontrado, em geral têm sérias reservas com uma religião organizada e não pensam muito em uma igreja. Isso tem levado a um êxodo da igreja e criado desafios nas proporções de uma crise na maioria das denominações cristãs, e a Igreja Adventista não é exceção. Pode haver muitos dos "crentes nas margens" que estariam ansiosos para fazer parte de uma comunidade onde realmente pudessem desenvolver um senso de pertencimento e ter a certeza interior de estar em casa. Se ao menos eles pudessem encontrar um lugar para considerar como seu lar espiritual...

Muitos ficaram totalmente frustrados com o que experimentaram na igreja local e pelo que veem e ouvem em sua denominação. Estão cansados da mentalidade estreita que encontraram.

Não conseguiram sentir que a vida e as atividades de sua igreja poderiam ajudá-los a crescer espiritualmente. Muito do que está acontecendo na igreja parece superficial ou irrelevante para eles. Não sentem alegria e satisfação de ser membros da igreja e nem experimentam o apoio espiritual que foi referido em termos tão brilhantes nos parágrafos anteriores. Em vista disso, vale a pena gastar tempo e energia para se (re)conectar com a igreja – a Igreja Adventista em particular? Isso oferece o suficiente para tornar essa reconexão algo valioso?

Essas perguntas podem ser respondidas adequadamente apenas se tivermos uma ideia correta do que a igreja realmente é. Usamos a palavra "igreja" com diferentes sentidos. Pode representar a religião em geral, por exemplo, quando falamos sobre a relação entre "igreja" e "estado". Muitas vezes se refere a um edifício: uma catedral majestosa ou uma pequena igreja rural e todo o restante entre elas. A palavra igreja também é usada para "denominação". Os católicos, os luteranos, os batistas e os adventistas falam da "minha igreja". Pode ter a conotação da organização da igreja. É assim que uso a palavra quando digo que espero que "a igreja" continue a enviar meu salário mensal de aposentadoria. O termo "igreja invisível" pode se referir a todos os cristãos, de todas as idades. Nos escritos bíblicos, no entanto, a palavra "igreja" é principalmente o grupo "visível" de crentes em uma determinada cidade ou região. No Novo Testamento, a igreja é, primeiramente, a igreja em Roma, em Corinto, em Éfeso ou na região da Galácia.

Isso é de importância crucial. Mesmo que o Novo Testamento reconheça que existem laços entre igrejas de diferentes lugares, e que deve haver um senso de unidade e solidariedade entre igrejas-irmãs; e mesmo que compreendamos as discussões entre igrejas e pessoas (em particular os apóstolos) que viajavam entre as congregações individuais e forneciam apoio e conselhos, a igreja era, antes de tudo, a igreja local! Acredito que esse princípio ainda é válido até hoje. Reconheço que organizações religiosas são necessárias, e que as estruturas, e mesmo as regras e as políticas, são inevitáveis. Porém, isso jamais nos deve levar a acreditar que essas organizações "superiores" constituem a essência da igreja. Devemos deixar claro que a Igreja Adventista não é igual à estrutura da Associação Geral ou ao mecanismo organizacional nos níveis de Divisões, Uniões e Associações. E devemos lembrar sempre que a reunião mais importante dos membros da igreja não é o congresso mundial que se realiza uma vez a cada cinco anos. O bloco de construção mais importante da Igreja é a congregação local dos crentes e a reunião mais importante da igreja é o culto na manhã do sábado, quando um grupo de crentes se encontra como congregação para se conectar com Deus.

Isso significa que o que acontece na igreja em geral pode ser importante e pode gerar muitas preocupações, mas não deve ser a nossa principal preocupação. Devo me lembrar continuamente que minha igreja não está localizada em Silver Spring, perto de Washington DC, nos Estados Unidos, e que minha igreja não é, em primeiro lugar, uma organização internacional maravilhosa (ou nem sempre tão maravilhosa). Minha igreja local está acima de tudo.

A organização internacional ou nacional da igreja não é uma criação divinamente ordenada. Em nenhuma parte da Bíblia, lemos sobre uma Associação Geral, ou sobre associações locais e outras instâncias administrativas. Nós não ouvimos falar de comissões de nomeação, manuais de igreja ou livros de praxes e regulamentos. Lemos sobre apóstolos, pastores e professores, mas não sobre presidentes e diretores departamentais. Todas essas coisas que temos na estrutura organizacional da nossa igreja são secundárias. São invenções humanas. A forma adventista de governo da igreja é uma combinação de elementos que os primeiros líderes adventistas tomaram emprestados das várias denominações de onde vieram. Foram gradualmente desenvolvidos com base no que foi considerado útil para manter as igrejas locais conectadas e para ajudá-las em suas missões. Novamente, isso não significa que estou subestimando todas as formas de organização ou que gostaria de acabar com todos os níveis de organização da igreja. Significa apenas que posso me sentir razoavelmente relaxado quando vejo e ouço coisas nesses vários níveis com os quais não concordo.

Sou membro da minha igreja local. Minha primeira lealdade é para com a congregação da qual sou parte. Portanto, minha questão prioritária é: Posso me relacionar de forma significativa com minha igreja local? A minha igreja local é um lugar onde posso adorar com os outros e me sentir espiritualmente em casa? Existe uma atmosfera na qual eu possa prosperar espiritualmente, emocionalmente, social e intelectualmente? É uma igreja onde posso pensar por mim e tenho permissão para ter dúvidas e discordar das outras pessoas? É uma igreja onde posso contribuir com meus dons e talentos específicos?

O QUE FAZER, SE MINHA IGREJA É MENOS DO QUE O IDEAL?

Algumas pessoas têm sorte. Encontram uma igreja que se adapta às suas necessidades. Porém, nem todos são tão afortunados, e é aí que o problema reside para muitos que não estão completamente à vontade na igreja. Estão cansados de sua igreja local, porque ali convivem com a intolerância. Acham que não podem fazer muitas perguntas, e certamente não podem expressar quaisquer ideias que pareçam estar em tensão com o ensino adventista oficial. Encontram poucas, se houver, pessoas com quem podem ter uma franca discussão sobre suas preocupações, e sentem que os cultos são em grande parte irrelevantes para sua vida cotidiana. Essas pessoas estão cansadas de reavivar as ideias do século 19 e de discutir questões doutrinárias. Elas não podem aborrecer as pessoas que sabem de tudo, porque "a Bíblia diz assim", e acham que sabem exatamente como o que leem em sua Bíblia deve ser interpretado. Não é de admirar que tais pessoas se perguntem como podem sobreviver numa igreja assim. Como se espera que se (re)conectem com tal congregação, em meio a tanto legalismo e fundamentalismo?

Devemos reconhecer que nenhuma igreja – ou seja, nenhuma congregação – é perfeita. Pela simples razão de que sempre serão formadas por seres humanos imperfeitos. (Logo que as pessoas afirmam ser perfeitas, todos os sinos de aviso devem começar a tocar, já que os problemas e a intolerância virão em seguida). Recentemente li mais uma vez a primeira carta de Paulo aos Coríntios. Desta vez, mais do que nunca vi o quão bom é ler um livro da Bíblia em sua totalidade, de preferência num mesmo dia (embora nem sempre seja viável para livros da Bíblia como

Salmos ou Ezequiel). No entanto, ler 1 Coríntios leva no máximo duas horas! O esforço vale a pena.

O apóstolo teve que falar algumas coisas desagradáveis para os membros da igreja em Corinto. Havia muitos problemas que precisavam ser abordados. A igreja sofria uma grave fragmentação, com vários grupos reivindicando seu próprio líder favorito (1:11, 12). E ainda havia outros problemas. Paulo tinha ouvido falar da imoralidade na igreja, num nível que nem sequer ocorria no "mundo", mas que se tornou bastante comum entre os membros (5:1). Quando os membros da igreja tinham conflitos entre si, levavam o caso para os tribunais (6:1). Além disso, havia sérios distúrbios durante os cultos de adoração (11) e desvios maiores em relação às principais facetas da fé cristã. Alguns cristãos coríntios negavam a possibilidade de uma ressurreição dos mortos (15:12).

Depois de ter lido os dezesseis capítulos (na maior parte curtos), concluí: Felizmente, na maioria das igrejas locais que conheço, a situação não está tão ruim como estava em Corinto! Entretanto, depois de ler toda a carta, é bom retornar ao primeiro capítulo, onde lemos: "Estou escrevendo para a igreja de Deus em Corinto, para vocês que foram chamados por Deus para serem Seu próprio povo sagrado... Sempre agradeço ao meu Deus por vocês e pelos graciosos dons que Ele lhes deu, agora que vocês pertencem a Cristo Jesus. Através dele, Deus enriqueceu sua igreja em todos os sentidos – com todas as suas palavras eloquentes e todo seu conhecimento" (1:4-9, NLT).

Apesar de tudo o que estava errado, as pessoas em Corinto eram a igreja de Cristo, e Paulo estava muito grato por eles e pelos dons que Deus lhes havia conferido. Lendo isso, parece que temos todos os motivos para permanecer positivos e otimistas em relação à nossa igreja local, e não devemos nos desesperar muito rápido, mesmo quando há coisas que achamos muito difíceis de aceitar! Pode ser que aqueles entre nós que desistiram de sua igreja local, ou que estão à beira de fazê-lo, não se concentraram o suficiente nas coisas boas que podem ser encontradas em qualquer congregação local. Mesmo em uma igreja com alguns elementos extremos e com tendência legalista e fundamentalista, geralmente as pessoas agradáveis e teologicamente mais equilibradas são a maioria. Muitas vezes, o que ocorre é que simplesmente tais pessoas têm menos chances de se expressar do que as que acham que têm "a verdade".

Além disso, também devemos enfrentar o fato de que nós mesmos não somos cem por cento perfeitos. Podemos ser impacientes e não ter tato suficiente. Talvez nos tornamos muito acostumados a ficar à margem e deixamos de insistir o suficiente para oferecer nossa própria contribuição para que essa igreja seja saudável e agradável. Pode ser também que simplesmente temos esperado muito da nossa igreja e que talvez seja a hora de fazer um esforço concentrado para superar nossas frustrações – por mais válidas que possam parecer para nós.

PARA ONDE VOU EU?

Percebo que, para muitos, esses argumentos podem permanecer vazios e pouco convincentes. Pessoas que tentaram ser positivas em relação à sua igreja, sofreram com os comentários negativos quando fizeram perguntas, e saíram do culto sem terem se alimentado espiritualmente. Simplesmente não podem continuar assim.

Eu frequento a igreja quase todas as semanas. Muitas vezes prego; às vezes, escuto. Nas poucas vezes que deixo de ir a algum culto, tenho um misto de sentimentos. Por um lado, é bom, especialmente depois de uma semana inteira, simplesmente relaxar com um bom livro ou fazer uma caminhada. Mas, por outro lado, geralmente fico com a sensação de que meu sábado ficou incompleto por não ter participado de um culto com outras pessoas. Às vezes, no entanto, quando visito igrejas locais me pergunto: "Se eu morasse nesta cidade, iria gostar de estar aqui, nesta igreja, todas as semanas? Se eu não tivesse outra opção senão frequentar esta igreja, eu conseguiria suportar esta experiência, semana após semana, mês após mês? Admito que às vezes simpatizo com pessoas que disseram: "Chega, para mim passou do limite."

Em tempos passados, poucas pessoas – falo agora do meu país – tinham seu próprio automóvel e a maioria tinha que caminhar até a igreja ou dependia de suas bicicletas ou de transportes públicos. Era mais conveniente ir para a congregação mais próxima, seja qual fosse seu tamanho e qualquer que fosse sua composição. Além disso, em muitos países, as pessoas estavam acostumadas com o "sistema paroquial". Nas igrejas estaduais, por exemplo, você era automaticamente inscrito como membro da igreja na cidade ou vila onde morava. Era difícil ou mesmo impossível transferir um membro para uma congregação diferente. Em muitos países, esse sistema estava profundamente enraizado na sociedade e era algo que as pessoas levavam consigo quando se tornavam Adventistas do Sétimo Dia. Hoje, isso mudou. A maioria das pessoas já não sente que tem que adorar no lugar onde moram. As pessoas tendem a "visitar as igrejas" até encontrar alguma na qual se sinta bem recebido. Algumas dessas pessoas podem até atravessar fronteiras denominacionais. Muitas vezes, a escolha da congregação a que querem pertencer não leva em conta os ensinamentos da igreja, mas sim a atmosfera geral, a música, as habilidades de pregação do pastor, a qualidade dos departamentos infantis e até o fácil acesso a um estacionamento.

Pessoalmente acredito que, como regra geral, é melhor fazer parte de uma congregação que não esteja muito longe de onde você mora. É mais fácil participar ativamente de várias atividades, além do culto de sábado. Porém, fazer parte de uma congregação na qual você não pode respirar, e onde quase se sente um alienígena que veio de outro planeta, pode ser um preço muito alto a pagar por essa proximidade geográfica. Alguns crentes adventistas "que estão um tanto insatisfeitos" chegam até a optar por frequentar uma igreja dominical. (Ou, além de ir à igreja no sábado. Alguém me disse uma vez: "Vou à minha igreja no sábado porque é ali que eu acho "a verdade", mas também vou a outra igreja no domingo para realmente adorar!) Acho que eu decidiria participar de uma igreja dominical, se não houvesse uma igreja no sábado à uma distância razoável da minha casa. Acredito que faria isso porque tenho uma necessidade profunda de adorar junto com outras pessoas. Para mim, no entanto, seria um passo de último recurso, pois sou um Adventista do Sétimo Dia comprometido. E exorto a todos os adventistas, mesmo os que estão "nas margens", a se conectarem com uma congregação adventista.

Se houver opções, visite algumas igrejas e veja onde você se encaixa melhor e onde suas necessidades espirituais serão mais bem atendidas. Ainda que isso signifique se dirigir a mais algumas outras congregações, seria muito melhor do que não frequentar nenhuma igreja ou fazer parte de algo que tem pouco ou nenhum significado para você. Considerando o fato de que atualmente a maioria das pessoas tem um automóvel e que, muitas vezes, há várias igrejas a uma curta distância – como é geralmente o caso em áreas em torno de grandes instituições adventistas, ou em grandes cidades e em países pequenos – não será tão difícil achar a "sua igreja". E talvez até haja uma igreja inovadora próxima de você. Vale a pena conferir!

VOCÊ É A IGREJA!

No capítulo anterior, implorei a todos que são "crentes que estão por aí, às margens" para não desistirem de Deus. Você precisa de sua fé para considerar-se um ser humano completo. Você pode estar sendo atormentado por dúvidas e incertezas, mas, no mínimo, tente acreditar. Enfatizei que a fé é um presente e sugeri que, para receber esse presente, fazemos bem em passar um tempo em um ambiente onde o idioma da fé é falado e o dom da fé é mais provável que seja distribuído. Neste capítulo, imploro a você que não desista da igreja.

Eu não quero desistir da denominação Adventista do Sétimo Dia e continuarei a implorar aos inconformados que também fiquem com o adventismo, mesmo quando, às vezes, é tentador sair. Nestes parágrafos, estou especificamente implorando para que você não desista de ser um membro em uma igreja local. Todos nós precisamos da união com os outros; precisamos da sagrada rotina do culto no sábado. Precisamos da experiência regular de estar sentado à mesa do Senhor. *Nós precisamos pertencer.*

Ao mesmo tempo, também devemos ter em mente que *os outros precisam de nós*. Eles precisam da nossa contribuição. As pessoas que pensam ter todas as respostas devem ouvir nossas perguntas. Aqueles que têm dúvidas como nós, têm que ver e ouvir que existem outros que também estão lutando com sua fé e sua igreja. Pode, às vezes, ser difícil para os "crentes que estão às margens" frequentar satisfeitos alguma congregação em particular, mas parte do problema pode ser que eles, de fato, não deixaram sua própria marca em sua igreja e contribuíram muito pouco ou nada para o seu bem-estar.

Quando você não contribui para uma comunidade, você permanece ou se torna, um estranho. Por outro lado, quando você tenta dar de si mesmo – de quem você é e o que você traz consigo em termos de talentos e habilidades – você se envolve. A comunidade se beneficiará do que você traz, mas você mesmo irá se beneficiar mais. A maioria, ou creio que posso afirmar que todos têm talentos e dons que a igreja precisa. É verdade, você pode não querer exercer certas funções, porque pode criar controvérsias ou forçá-lo a suprimir ou comprometer parte de quem você é. Entretanto, sempre há áreas nas quais você pode ter um papel positivo e construtivo sem sacrificar sua integridade.

Alguns crentes insatisfeitos deixaram de contribuir financeiramente com a igreja e não estão mais entre os "dizimistas fiéis". Alguns continuam a dar dinheiro à sua igreja, mas canalizam para projetos específicos ou para instituições como a ADRA – Agência Adventista de Desenvolvimento e Recursos Assistenciais. São pessoas que estão disposta a contribuir, mas não se sentem inclinadas a enviar seus recursos para a sede administrativa da Igreja em um determinado país ou região. Escolhem apoiar projetos específicos, ou o trabalho de pessoas que conhecem e apreciam, mas não querem fortalecer o sistema organizacional. E, definitivamente, não querem que seu dinheiro acabe nos cofres da Associação Geral!

Posso entender o seu raciocínio. Eu mesmo continuo a dar "através do sistema", embora me oponha a algumas coisas que vejo "no sistema". É, no entanto, minha convicção pessoal de que não tenho o direito de criticar "um sistema" e trabalhar para mudar algo "nesse sistema", se eu não continuar apoiando, sendo ativo e contribuindo para o seu melhor funcionamento. Acho que é evidente que eu devo ajudar a contribuir para o funcionamento de uma igreja local, se tenho vínculos com essa igreja.

Eu exortaria a todos os "crentes nas margens" a continuar a contribuir para a sua igreja de alguma forma. Não vou entrar na questão de saber se o Novo Testamento exige que cada crente dê exatamente dez por cento de sua renda. Não acredito que exista um mandamento ou receita definitiva nesse sentido. No entanto, é claramente sugerido no Novo Testamento que é bom dar de forma regular e generosa, e o método do dízimo parece ser um modelo útil para esse propósito. Cessar de contribuir financeiramente é uma maneira de cortar o cordão umbilical que o conecta com a igreja. Por outro lado, continuar a dar, independentemente dos problemas que você tem com sua igreja – como uma denominação ou como uma igreja local – ajuda a criar ou restaurar um sentimento de pertencimento e é um sinal de aceitar um grau de responsabilidade pelos processos na sua igreja.

Depois de tudo que foi dito, o que eu queria mesmo destacar neste capítulo pode ser resumido em alguns pontos. Sua crítica à sua igreja (local) pode ser legítima, e sua sensação de ser um intruso e de estar espiritualmente seco pode ser muito real. Porém, não desista da igreja. Você precisa dela e ela precisa de você. Você deve fazer tudo o que puder para encontrar uma congregação ou grupo que possa fornecer o que você está procurando. Apesar de tudo, não pergunte demais, as congregações sempre serão um coletivo de seres humanos imperfeitos. Também há sempre outra dimensão. As igrejas locais são os principais lugares onde o dom da fé é entregue. Então, procure esse presente e contribua para o bem-estar e o crescimento dessa comunidade. Ao fazê-lo, você pode, de forma lenta e segura, se afastar "das margens" e desfrutar de um relacionamento muito mais rico e satisfatório com a sua igreja – com os irmãos e com o seu Deus.

CAPÍTULO 7

Ainda posso acreditar nisso?

As denominações diferem umas das outras. Elas devem ter algo especial que as separe de outras comunidades de fé e as diferenças podem de fato ser muito significativas. Embora os protestantes e os católicos romanos tenham muito em comum, o abismo entre seus ensinamentos é enorme. É improvável que as tentativas de preencher essas lacunas sejam bem-sucedidas em curto prazo. Além disso, os protestantes são uma grande variedade. As igrejas liberais estão a quilômetros de distância em sua teologia de comunidades de fé conservadoras. As denominações que pertencem a uma "família de fé" particular (como batistas, luteranos, reformados, metodistas, etc.) estão, obviamente, muito mais próximas umas das outras. Mesmo no caso dessas, deve haver alguns pontos de vista específicos em que elas diferem umas das outras, pois uma igreja que não possui doutrinas ou tradições distintas perde a sua razão de existir.

Algumas pessoas são membros de uma determinada denominação, principalmente porque é ali que elas foram criadas. No entanto, nem sempre podem dizer exatamente como sua igreja difere teologicamente de outras denominações da mesma "família de fé". Muitas vezes, notei isso em crentes nas várias igrejas reformadas conservadoras em meu próprio país, na Holanda. Essas igrejas, que estão enraizadas no calvinismo, dividiram-se em razão de questões teológicas que muitos dos seus membros não compreenderam total ou parcialmente. Conheci membros da igreja A que, de fato, acreditam no que é um princípio específico da igreja B e vice-versa.

Muitas pessoas não se preocupam demais com os detalhes teológicos; deixam isso para seus pastores e professores em seus seminários teológicos. Porém, outros estão preocupados e têm sérias questões para as quais procuram respostas. Muitas vezes, eles se perguntam: Posso ainda acreditar no que eu costumava acreditar? E, se não, quão grave é isso? Ainda posso concordar com as coisas que me ensinaram, enquanto me preparava para a confirmação ou o batismo? Ou me afastei para tão longe do que eu antes cria, que devo me perguntar se posso ainda ficar conscienciosamente com minha igreja? Dúvidas sobre certas doutrinas têm empurrado muitas pessoas para essa situação de desconforto em relação à igreja. Pode ser o resultado de um processo lento e gradual. Ou as dúvidas podem ter ficado adormecidas por um longo período e, de repente, receberem um impulso como resultado de alguma crise pessoal, a leitura de um livro, escutar uma conversa ou um sermão.

Algumas pessoas são realmente informadas por oficiais da igreja ou comissões da igreja que não podem mais ser membros de sua igreja, pois se "apostataram" da "verdade". Isso acontece em movimentos sectários ou em denominações muito rigorosas e conservadoras mais frequentemente do que nas igrejas "menos conservadoras". Essas tendem a ser mais complacentes com a diversidade na opinião teológica. Na verdade, muitas vezes desenvolveram (ou pelo menos permitiram) diferentes "modalidades" para dar espaço àqueles que estão à "direita", à "esquerda" ou "no centro". Isso tem sido, em particular, verdade nas chamadas "igrejas estatais" na Europa que aspiravam ser um lar espiritual para todas as pessoas de toda a nação. (Nos Estados Unidos, esses diferentes fluxos tendem a se organizar como denominações separadas).

Atualmente, a Igreja Adventista na maioria dos países não costuma excluir membros por razões doutrinárias. Mesmo quando os professores de teologia "heréticos" são demitidos ou são pressionados a renunciar, eles geralmente não perdem automaticamente sua condição de membros da igreja. Pode-se lamentar ou apreciar, mas o fato é que existe uma grande diversidade de pontos de vista teológicos dentro da Igreja Adventista.

Como muitas outras denominações, o adventismo tem visto uma evolução gradual de diferentes "modalidades" ou linhas. É difícil definir esses fluxos diferentes de forma precisa, mesmo que alguns tenham tentado fazê-lo. David Newman, um ex-editor da revista *Ministry*, afirmou que existem pelo menos quatro fluxos distintos no adventismo: Adventismo Convencional, Adventismo Evangélico, Adventismo Progressista e Adventismo Histórico.

Alguns anos atrás, fiz umas pesquisas e encontrei um site que distingue não menos do que oito correntes na teologia adventista e dá alguns nomes de representantes-chave de cada uma dessas correntes: liberal, progressista, partidários da teoria da influência moral, evangélica, moderada, conservadora/tradicional, ultraconservadora e extrema-ultraconservadora.[1] O autor preferiu permanecer anônimo, mas é claramente bem informado sobre o adventismo. Devo admitir que me senti bem ao ver meu nome listado entre os seis ou sete teólogos "progressistas"! No entanto, eu talvez traçaria linhas entre os vários grupos de forma um pouco diferente. Não considero, por exemplo, o último grupo dos "ultraconservadores extremos" como um ramo de boa-fé do adventismo. No entanto, a mensagem do artigo neste site é clara: *o adventismo contemporâneo tem muitas faces diferentes.*

O fato de que existe uma ampla divergência de opinião teológica não significa, no entanto, que existe também uma grande tolerância em todos os lugares e que reina a discussão aberta e gratuita. Muitas vozes, especialmente no lado conservador da igreja, querem "limpar" o que entendem como uma situação muito lamentável. Preferem pertencer a uma igreja doutrinariamente pura em vez de estar numa igreja onde se pode ajustar a própria confissão pessoal de fé! E o recente impulso forte para uma redação mais conservadora das vinte e oito Crenças Fundamentais, com a constante ênfase de líderes-chave sobre o fato de que a adesão a todos esses "fundamentos" é necessária, se alguém quiser ser contado como um verdadeiro adventista,

---

1. http://christianforums.com/member.php?u=185580

preocupa muitos membros da igreja que querem mais liberdade pessoal para definir o que eles acreditam. Além disso, as tentativas da administração da igreja de ter um controle rigoroso da ortodoxia dos professores de teologia nas instituições denominacionais de ensino superior são vistas por muitos como uma ameaça à liberdade acadêmica e como uma tentativa de impor uma maneira particular de ler a Bíblia e de "fazer" teologia.

Nesse contexto, o conceito de "sacudidura" é referido com uma frequência crescente (e perturbadora). Essa é a ideia de que, em algum momento, deve haver um "peneiramento" – um processo pelo qual aqueles que nunca foram totalmente comprometidos com a "verdade" são removidos da igreja. Geralmente é ensinado que esse processo atingirá seu clímax imediatamente antes do fim dos tempos. A "sacudidura", que inevitavelmente resultará em um êxodo da igreja em larga escala, pode, portanto, ser aberta ou implicitamente sugerida por aqueles que falam sobre isso, como algo positivo: significa que a vinda de Cristo está agora mais próxima do que nunca![1]

PARTINDO VOLUNTARIAMENTE

Alguns crentes têm lutado com suas dúvidas doutrinárias há anos e, finalmente, decidem que não podem, em boa consciência, permanecer como membros da igreja. Uns deixam sua comunidade de fé e não se conectam em outro lugar. Partem, às vezes sem deixar rastro, enquanto outros deixam alguns, principalmente os laços sociais com os antigos fiéis. Há os que se mudam para uma nova casa espiritual que concorde melhor com o caminho que eles trilham atualmente em sua peregrinação espiritual. Decidiram se despedir de sua antiga igreja, às vezes com um suspiro de alívio, mas muitas vezes com muita dor em seu coração.

A Igreja Católica Romana perdeu milhões de seus membros em todo o mundo, que já não concordam com algumas das obrigações morais que a igreja impõe. Eles protestam contra a

---

1. Roger W. Coon, "Shaking," in: Denis Fortin and Jerry Moon, eds., *The Ellen G. White Encyclopedia* (Hagerstown: Review and Herald, 2013), p. 1157, 1158.

posição oficial a respeito das práticas de controle de natalidade e discordam da recusa absoluta da igreja em permitir relações entre pessoas que querem viver em uma relação exclusiva, monogâmica e permanente. Consideram as "leis" que obrigam clero a permanecer celibatário e que proíbem as mulheres de tornarem-se sacerdotes como totalmente desatualizadas e contrárias ao evangelho de Jesus Cristo.

Em rigorosos círculos calvinistas muitos têm sérias dúvidas sobre a base do evangelho para a doutrina da predestinação. Eles podem ter crescido com a doutrina da "dupla predestinação". O argumento para essa doutrina é o seguinte: Deus em sua sabedoria eterna e em sua soberania inescrupulosa decidiu, antes de nascermos, se finalmente receberemos a vida eterna ou enfrentaremos a condenação eterna. Nada podemos fazer sobre isso. É claro, esperamos viver uma vida cristã e atender a todos os nossos deveres religiosos, mas é uma decisão completamente de Deus se conseguiremos ou não. E se não o fizermos, não temos motivos válidos para reclamar! Pois nenhum ser humano merece a salvação. É somente por sua graça soberana que Deus elege alguns para herdar a eternidade.

Para muitos, isso é uma fé insuportável. Significa que só podemos esperar estar entre os eleitos, mas nunca podemos ter certeza! Não é de admirar que muitos, em algum momento, comecem a duvidar se essa doutrina concorda com o evangelho de Cristo, que declarou que Deus amou o mundo com a intenção de que todas as pessoas fossem salvas! Alguns desses duvidosos deixarão a igreja e se despedirão da fé cristã, enquanto outros, por sorte, encontrarão outro lar espiritual onde possam experimentar a segurança da salvação.

Podemos mencionar uma longa lista de pontos de vista doutrinais específicos que causam muita discussão ou dissensão em outras denominações. Porém o nosso foco está na Igreja Adventista do Sétimo Dia e, nas páginas seguintes, vou analisar algumas das questões que parecem surgir mais frequentemente quando os adventistas falam sobre suas dúvidas quanto a certos ensinamentos de sua igreja. Não os estou listando em nenhuma ordem específica, já que não tenho conhecimento de nenhum estudo que indique qual desses pontos é o mais alto como motivo de dúvida. Não esconderei que, em muitos casos, compartilho das dúvidas que vou discutir. Entretanto, também digo aos leitores como me mantenho em pé e espero que minhas palavras os ajudem a lidar com suas dúvidas de tal forma que não perderão os fundamentos da mensagem cristã em suas embalagens adventistas.

INSPIRAÇÃO

Em primeiro lugar, quero voltar à doutrina adventista da inspiração. É uma questão fundamental, porque nossa visão da inspiração e da transmissão da Bíblia determina se optamos por uma leitura "literal" da Bíblia (que aceita o que lemos o mais literalmente possível), ou se permitimos um papel maior para os instrumentos humanos que Deus usou para se comunicar conosco.

Vale ressaltar que recentemente o número um das Crenças Fundamentais foi um pouco "ajustado". Esse artigo das "vinte e oito" nos diz que as Escrituras são "a revelação infalível da vontade de Deus". Porém, também enfatiza que essas escrituras são o "revelador absoluto de doutrinas e o registro confiável dos atos de Deus na história". Muito depende da forma como os termos "infalível", "absoluto" e "confiável" são definidos. Na atualização recente das "vinte e oito", lemos agora que a Bíblia não é apenas "absoluta" e "infalível", mas também "final", e que é o revelador "definitivo" das doutrinas. A nova formulação da doutrina fundamental número dez também confirma que as Crenças Fundamentais defendem uma visão muito estreita da inspiração.

O documento mais fidedigno sobre a abordagem adventista da Bíblia e sua interpretação, até o momento, além da formulação das Crenças Fundamentais, é o chamado *Rio Document*. Este foi o resultado de um processo de estudo na década de 1980, que culminou em uma declaração formal que foi aceita pelo comitê executivo da Associação Geral durante sua "reunião de outono" em 1996.[1] Esse documento rejeita a visão bastante acadêmica de

---

1. "Methods of Bible Study," in: R Dabrowski, ed., *Statements and Guidelines and Other Documents of the Seventh-day Adventist Church,* publicado pelo General Conference Communication Department, 2005.

que muitos dos escritos bíblicos passaram por um longo processo de coleta e "redação", antes de atingir a forma que se tornou a base para nossas traduções modernas. A maioria dos estudiosos bíblicos, por exemplo, concluiu que os cinco livros de Moisés consistem de vários documentos que se originaram em diferentes círculos, foram escritos em momentos diferentes, e só depois foram reunidos no chamado Pentateuco (os cinco pergaminhos). Ou, para tomar outro exemplo dessa abordagem que geralmente é referida como o "método histórico-crítico": a maioria dos especialistas em Antigo Testamento acredita que o livro de Isaías teve dois ou talvez três autores diferentes. O *Rio Document* não admite isso. (Curiosamente, os estudiosos bíblicos adventistas parecem ter menos hesitação na identificação de diferentes fontes para os quatro evangelhos![1]) A opinião acadêmica adventista está fortemente dividida sobre essa questão. Aqueles que pertencem à *Adventist Theological Society*[2] (Sociedade Teológica Adventista) apoiam a posição descrita no *Rio Document*. Na verdade, não se pode tornar um membro dessa influente sociedade teológica sem assinar uma declaração escrita de que se concorda com essa visão particular da inspiração e transmissão da Bíblia.

É claro que a visão da origem e da natureza da Bíblia também determina, em grande medida, como se aborda doutrinas individuais e questões éticas, como a criação e a ordenação das mulheres. Da mesma forma, é importante para a visão do ministério e os escritos de Ellen G. White (veja abaixo).

Quando os membros da igreja começam a acolher as dúvidas sobre a abordagem da inspiração que atualmente é fortemente

---

1. Consulte: v. 5, p. 175-181 do *The Seventh-day Adventist Bible Commentary* (1956).
2. A *Sociedade Teológica Adventista* (ATS) está associada à Igreja Adventista do Sétimo Dia como um ministério independente. De acordo com seu site, é "uma organização internacional, profissional, sem fins lucrativos, estabelecida como um recurso teológico para a Igreja Adventista do Sétimo Dia". A associação é conservadora em sua teologia e tem a confiança da atual liderança da igreja. Isso já não ocorre com a *Sociedade Adventista de Estudos Religiosos* (ASRS), que é considerada por muitos como "liberal".

promovida pela liderança da igreja e por organizações (principalmente independentes) que apoiam essa posição, é frequentemente o ponto de partida para dúvidas em relação a outras áreas doutrinárias. Muitos desses que possuem dúvidas apreciarão cada vez menos as publicações denominacionais e outros produtos de mídia da igreja que defendem a abordagem da "leitura literal". Eles tendem a procurar educação espiritual de outras fontes, mas a exposição a elas pode, de fato, levantar novas questões em sua mente em relação a certos ensinamentos adventistas tradicionais.

O que eu pessoalmente faço com tudo isso? Quando comecei meus estudos teológicos, eu era um leitor da Bíblia "literal" fundamentalista. Afastei-me dessa posição, mas ainda tenho uma visão "intensa" da inspiração da Bíblia. Reconheço as mãos humanas que escreveram as palavras da Escritura, mas continuo a ver suas palavras como a Palavra de Deus. A visão de leitura "literal" é, no entanto, muito simplista. Além disso, aqueles que querem tomar as palavras da Bíblia com extremo literalismo são invariavelmente incoerentes. Ainda não encontrei uma pessoa que aceita tudo da Bíblia literalmente! Por exemplo, a maioria daqueles que insistem que os dias da criação são dias literais de 24 horas reconhecem que a descrição do Universo em três camadas na história de Gênesis reflete ideias antigas que não aceitamos, e também rejeitamos que aquelas expressões como "os quatro cantos da Terra" devem ser tomadas literalmente.

"DESPREOCUPADO"

Ler a Bíblia como a Palavra de Deus pressupõe uma crença na inspiração divina. Nenhum de nós sabe como essa inspiração ocorreu. A Bíblia é o Livro de Deus e Ele, de maneira milagrosa, nos tornou acessíveis as suas palavras e pensamentos – em nosso nível de entendimento, assim como quando, através da Sua encarnação, o Cristo divino preexistente desceu ao nosso Planeta. Ouvindo muitos dos defensores da "leitura literal", não se pode pensar que os Adventistas do Sétimo Dia não acreditam na inspiração verbal. Acreditamos que os autores e não as palavras da Bíblia foram inspiradas. Deus utilizou os agentes humanos como seus "escritores"[1], e através desse processo de interação divino-humano a Bíblia de alguma forma tornou-se o registro confiável do trato de Deus com a humanidade e o guia confiável para a fé e a prática de todos os verdadeiros crentes. Como seres humanos, jamais entenderemos completamente a relação entre o elemento divino e o humano na inspiração das Escrituras. Tentar elaborar uma fórmula precisa sobre essa interação do humano com o divino só nos desviará. Inevitavelmente, acabaremos por enfatizar excessivamente o ser humano e subestimar o divino, ou vice-versa.

Infelizmente, muitas das provas textuais não saudáveis estão no meio da comunidade adventista, e muitos percebem apenas levemente que o texto bíblico está longe de ser uniforme e compreende diversos gêneros literários distintos. Como resultado, muitos não percebem suficientemente que um salmo ou uma passagem de material apocalíptico ou prosa histórica deve ser lido de maneira diferente. Acredito firmemente que o *Rio Document* não pode ser a última palavra sobre a maneira como devemos olhar a interpretação bíblica. É certo que nem todas as descobertas dos estudos modernos da Bíblia são baseadas em evidências irrefutáveis. Devemos ouvir os estudiosos da Bíblia que operam a partir de várias perspectivas e ponderam os argumentos com uma mente aberta. E, ao fazê-lo, devemos reconhecer que alguns "fatos" são, na realidade, conjecturas e que muitas teorias sobre a origem da Bíblia hoje não encontram o amplo apoio que tiveram no passado. Além disso, devemos cuidar para que a ênfase não seja tanto sobre o elemento humano na composição e transmissão do texto da Bíblia, para que a origem divina da Palavra não seja perdida de vista.

Creio que, em última análise, os problemas (e eles existem!) relacionados com a inspiração da Bíblia e do processo de transmissão e preservação, não devem nos preocupar exageradamente. Quando eu era mais jovem, estive extremamente preocupado com algumas das inconsistências reais ou supostas na Bíblia e,

---

1. Ellen G. White, *Mensagens Escolhidas*, v. 1, p. 21.

em particular, sobre algumas discrepâncias nos livros históricos. Quem enviou o espírito maligno ao rei Saul? Obviamente, deve ter sido Satanás. Porém, como é possível que Deus seja responsável por esse espírito maligno (1 Samuel 16:14)? E sobre a história de David e Golias? No jardim de infância, aprendemos que Davi matou Golias (1 Samuel 17; 21:9,10). Contudo em 2 Samuel 21:19 a informação é que alguém chamado Elanã (e não Davi) foi responsável pela morte de Golias. Qual dos dois textos está correto?

E, para tomar um exemplo do Novo Testamento: quando Cristo enviou Seus discípulos em sua missão missionária, ordenou-lhes que levassem seu bordão (como nos diz em Marcos 6:8), ou o deixassem em casa (como Lucas 9:3 nos informa)?

Quando comecei meus estudos de pós-graduação, ainda me incomodava com os argumentos sobre a autoria de alguns livros da Bíblia. Paulo escreveu a Carta aos Hebreus, ou não? Quantas epístolas Paulo escreveu para os coríntios? Duas, três ou quatro? Se ele escreveu mais do que as duas que temos no Novo Testamento, o que aconteceu com as outras? E havia um segundo ou mesmo um terceiro Isaías, além do profeta do século oitavo que era filho de Amós e teve sua visão mais esplêndida "no ano em que o rei Uzias morreu" (Isaías 6:1)? Não quero dizer que essas questões são totalmente sem importância. Certamente, a teoria de que o livro de Isaías teve dois ou três autores diferentes, que viveram em séculos diferentes um do outro, tem implicações significativas. Porém, desejo enfatizar que esse tipo de problema pode absorver tanto da nossa atenção que perderemos de vista o poder da Palavra de Deus!

Lembro-me de como foi útil um pequeno livro de Gerhard Bergmann. Esse livro em alemão Alarm um die Bibel (Alarme sobre a Bíblia)[1], descreve sucintamente o problema, defende magistralmente a autoridade absoluta da Bíblia que, ao mesmo tempo, está repleta do elemento divino e humano na gravação da Palavra de Deus, relativizando as poucas chamadas contradições internas e imprecisões. Sempre me lembrei do conselho de

---

1. Gladbeck: Schriftenmissions Verlag, 1963.

Bergmann: com relação a esses elementos que nos incomodam nas Escrituras, devemos assumir a atitude de *"eine fröhliches Unbekumertheit"*[1] (uma feliz ausência de preocupação). Essa tem sido minha atitude definitiva, desde sempre.

CRIAÇÃO

Poucos estudiosos atacaram tão ferozmente as histórias da criação e do dilúvio, na forma como estão colocadas na Bíblia, como o cientista britânico Richard Dawkins. A seguinte citação não deixa dúvida sobre sua visão da Bíblia: "A Bíblia deve ser ensinada, mas enfaticamente não como realidade.[2] É ficção, mito, poesia, tudo menos realidade." Maarten 't Hart, um romancista holandês (com formação profissional em biologia!) tem essencialmente a mesma mensagem para seus leitores. Seu livro recente sobre sua mãe[3] tem um capítulo que trata de uma discussão que ele teve com a mãe acerca da arca de Noé. Ele tentou convencer a mãe de que sua leitura "literal" da história do dilúvio era totalmente ridícula. Disse que tinha feito alguns cálculos sobre a arca de Noé. A Bíblia indica que esse navio era grande o suficiente para todos os animais, "segundo sua espécie" – um par de cada um dos animais "imundos" e sete pares de todos os animais "limpos". De acordo com Maarten, o mundo é o *habitat* de cerca de dois milhões de "espécies" e, portanto, dezenas de milhões de animais deveriam ter entrado na arca através de uma porta estreita, num período incrivelmente breve. E o mais incompreensível: como esses animais se dirigiram para a arca? Alguns tipos de caracóis, Maarten disse a sua mãe, só são encontrados na Escandinávia. Eles se deslocam no máximo cerca de cinco metros por dia, o que significa que a viagem deve ter levado pelo menos alguns anos. Porém, em seguida, há a complicação adicional de que eles têm uma vida bem curta e devem ter morrido durante o percurso. E como alimentar todos esses animais durante a viagem

---

1. Ibid., p. 3.
2. http://www.brainyquote.com/quotes/authors/r/richard_dawkins.html
3. Maarten 't Hart, *Magdalena* (Amsterdam: Singel Uitgeverijen, 2015).

marítima? Além disso, como Noé se certificou de que os animais não se matariam durante o cruzeiro? E então, apenas pense em todo o estrume. Etc, etc, e assim por diante. Claro, a definição de Maarten 't Hart do termo "espécie" pode não ser a mesma que a usada pelo escritor da história da Bíblia, mas seu livro ecoa o tipo de dúvida da qual muitos leitores da história do Gênesis não podem facilmente se livrar.

Há algum tempo, visitei a Austrália e, claro, estava ansioso para ver cangurus. O canguru é apenas uma espécie na grande variedade de marsupiais. O fato de que essas criaturas só são encontradas na Austrália causa numerosos problemas científicos e me fez pensar sobre as histórias bíblicas de uma criação e uma inundação mundial. Não pude deixar de pensar como esses animais teriam saltado da região baixa para o Oriente Médio, e de volta para a Austrália. Mesmo que não houvesse barreira de água antes do dilúvio, certamente deve ter havido uma após um tal dilúvio como é descrito na Bíblia. Eu sei que não sou a única pessoa na Igreja Adventista que tem tais perguntas. A maioria das objeções contra a história do dilúvio literal foi refutada por estudiosos conservadores, mas nem todos acham as respostas realmente convincentes.

Muitos jovens se sentem confusos quando começam o ensino médio e ouvem sobre a evolução. Alguns dirão corajosamente aos seus professores de biologia que seus livros escolares estão totalmente errados e que eles não vão acreditar naquilo (assim chamado de lixo científico). Eles querem ficar com o que ouviram de seus pais e o que lhes foi contado na igreja: que Deus criou o mundo em apenas seis dias. Portanto, todas essas ideias modernas sobre uma evolução lenta ao longo de milhões de anos não podem ser verdadeiras! Entretanto, muitos não têm tanta certeza. Poderia ocorrer que a ciência esteja certa, afinal? O que eles leem em seus livros de biologia parece muito mais lógico do que aquilo que acham na Bíblia. Além disso, parece que a maioria das pessoas que trataram o assunto com seriedade tornou-se convencida de que a história bíblica pode de fato ser uma bela história, mas deve ser considerada como mito e não como história. Todas essas pessoas altamente educadas estão erradas?

Isso não é algo que afeta apenas os adolescentes que cresceram em um meio cristão, gradualmente se tornam mais críticos e não aceitam mais nada apenas porque seus pais dizem isso e porque seu pastor insiste que eles simplesmente devem acreditar no que a Bíblia diz. Pessoalmente, conheço algumas pessoas, mesmo da minha idade, que acreditaram na história da criação durante a maior parte de sua vida, mas, em algum momento, admitiram a si mesmas (e às vezes aos outros) que não estão tão seguras mais, e que se tornaram céticas a respeito de uma leitura literal dos primeiros capítulos da Bíblia. Essas pessoas concluíram que simplesmente há muitos pontos que não se encaixam. Por exemplo, toda a humanidade tem supostamente os mesmos dois antepassados, Adão e Eva. Então, como explicamos que o mundo é povoado por povos de raças diferentes? E onde o brontossauro e o tiranossauro rex e os outros tipos de dinossauros se encaixam na história?

Muitas outras questões surgem na mente das pessoas. Toda a miséria e o sofrimento no mundo realmente resultaram de comer uma fruta em um lindo jardim? E, por sinal, por que a história da criação é contada duas vezes – em Gênesis 1 e em Gênesis 2? O que fazemos com as discrepâncias significativas entre as duas versões?

Sei que há respostas para essas e muitas outras questões. E algumas pessoas ficarão satisfeitas quando ouvirem essas respostas e vão afastar suas dúvidas. Porém, para os muitos duvidosos, as respostas parecem excessivamente simplistas e pouco convincentes e, muitas vezes, para cada problema que tentam resolver, suscitam outros dez.

Quando as pessoas me falam sobre suas dúvidas quanto às narrativas bíblicas da criação e do dilúvio, não mais tento convencê-las de que a maioria das perguntas que elas têm podem ser respondidas por argumentos científicos e que ainda podemos encontrar respostas para questões que continuam a nos desconcertar. Anos atrás, eu poderia ter tentado fazer isso. Eu era um ávido leitor de livros dos chamados autores "criacionistas" – adventistas e não adventistas. Muitos dos seus argumentos fizeram sentido para mim. Porém, a minha confiança na força de seus argumentos era por vezes dissipada rapidamente depois de ter lido alguns livros que defendiam uma abordagem evolutiva. À medida que o tempo passou, percebi que a mensagem bíblica de que Deus nos criou e as implicações que emergem do nosso ser criado são muito mais importantes do que satisfazer nossa curiosidade quanto ao momento em que Ele criou e como criou.

As histórias da criação e do dilúvio são apenas isso – histórias. Não significa que sejam relatos históricos do que aconteceu em um dado momento no passado, que podemos identificar como mais ou menos cerca de 6.000 a 10.000 anos atrás. Isso, no entanto, não significa que essas histórias sejam, portanto, sem sentido ou falsas. As histórias da Criação em Gênesis 1 e 2 são uma declaração contundente sobre a "verdade" de que Deus é nosso Criador e que, como criaturas, devemos respeitá-lo e ser fiéis. Mostramos esse senso profundo de nossa criatividade de uma maneira muito concreta, estabelecendo cada sétimo dia da semana como uma comemoração desse fato. As histórias da criação continuam a nos lembrar de que Deus, como Criador, é o dono de tudo e que nós, como seres criados, devemos reconhecer essa posse como mordomos fiéis.

E a história do dilúvio? Não há dúvida de que houve uma grande catástrofe no passado distante. Um grande número de histórias do dilúvio em culturas ao redor do mundo preserva – assim como a história do dilúvio no Gênesis – a memória coletiva de tal evento. As águas cobriram o globo "inteiro" ou devemos entender isso como uma catástrofe que afetou o mundo que as pessoas conheciam? Não vamos ficar restritos por tais questões. A "verdade" da história do dilúvio é que Deus é um Deus justo, cuja paciência pode desaparecer quando as pessoas continuam se rebelando contra Ele, mas que também é um Deus amoroso, que não abandona as pessoas que permanecem leais a Ele.

Tudo isso significa que eu não dou mais atenção às perguntas relacionadas com criação e evolução? Não, muitas perguntas permanecem. Contudo, descobri que olhar para o que as histórias bíblicas significam, em vez de sempre perguntar o que aconteceu exatamente, é uma maneira muito mais satisfatória de lidar com minhas dúvidas nessa área.

A TRINDADE

A dúvida sobre a doutrina da Trindade não é algo que apareceu recentemente nos círculos adventistas. De fato, muitos adventistas (incluindo alguns dos primeiros líderes) eram sólidos antitrinitarianos, ou seja, não acreditavam na doutrina da Trindade. Uriah Smith, o conhecido pioneiro e autor de livros sobre Daniel e o Apocalipse, comentou, por exemplo, o texto em Apocalipse, que chama Cristo de "o Alfa e o Omega" (1:9). Ele argumentou que, enquanto Cristo já existia muito antes da criação do mundo, Ele não teria existido por toda a eternidade, como o Pai. Cristo teve um começo em algum momento no passado distante. Como outros pioneiros adventistas, incluindo, por exemplo, Tiago White, que também veio do movimento Conexão Cristã, Smith acreditava que o Filho é subordinado a Deus, o Pai, e que a ideia de uma Trindade de três seres eternos e totalmente iguais não é bíblica. Ellen White jamais falou em termos antitrinitarianos, mas só bem mais tarde na vida que ela claramente declarou seu apoio à visão de uma Trindade – Pai, Filho e Espírito como seres coeternos e totalmente iguais. No entanto, curiosamente, ela nunca usou o termo Trindade!

Só no século 20 que a Igreja Adventista se declarou oficialmente no campo trinitariano, embora tenha continuado a conviver com vozes dissidentes. Mais recentemente, aqueles que duvidam ou rejeitam uma teologia trinitária parecem estar aumentando.[1] E embora muitos no lado "esquerdo" da igreja tenham questões ou até mesmo dúvidas sobre essa doutrina cristã chave, as vozes mais altas que se opõem a essa doutrina tendem a estar no lado "direito" do espectro teológico. Há adventistas conservadores que acreditam que a doutrina da Trindade é, de fato, um ensino católico romano (e, portanto, por definição, falso!), E que o adventismo

---

1. Merlin D. Burt, "History of Seventh-day Adventist Views on the Trinity", *Journal of the Adventist Theological Society*, 17/1 (Spring 2006), p. 125-139. Veja também Richard Rice, "God," in: Gary Charter, ed., *The Future of Adventism* (Ann Arbor, MI: Griffin & Lash, Publishers, 2015), p. 3-24, e Woodrow Whidden, et al., *The Trinity: Understanding God's Love, His Plan of Salvation and Christian Fellowships* (Hagerstown, MI: Review and Herald, 2002).

deve ter cuidado com a deriva para o catolicismo romano e deve retornar à histórica (não-trinitariana) fé de seus pioneiros.

Embora a doutrina da Trindade seja uma pedra angular da teologia cristã, (estranhamente) nos círculos adventistas, a dúvida sobre essa doutrina fundamental é geralmente considerada muito menos grave do que, por exemplo, questionar uma criação literal de seis dias ou uma interpretação literal do santuário celestial. E minhas credenciais como pastor estariam em maior risco se eu pegasse um cigarro publicamente do que se eu expressasse dúvidas sobre a doutrina da Trindade em um sermão. A incerteza sobre essa doutrina importante não pesa tão fortemente no coração da maioria dos líderes adventistas como a incerteza sobre algumas outras doutrinas que discutiremos a seguir.

A doutrina da Trindade é importante, mas gostaria de adicionar algumas qualificações. Definir quem e o que Deus é, está além da nossa compreensão humana. A igreja cristã tentou fazê-lo. Os longos debates nos concílios da igreja resultaram na doutrina tradicional da Trindade. Aqueles que participaram desses debates usaram as melhores palavras possíveis que poderiam pensar. Os conceitos gregos e latinos estavam nas raízes de alguns desses termos, como, por exemplo, a palavra "pessoa". A doutrina afirma que Deus é uma unidade existente em três pessoas. Porém, assim que dizemos isso, devemos reconhecer que a palavra "pessoa" deve significar algo mais quando aplicada a Deus do que quando aplicada a nós como seres humanos. A "personalidade" de Deus suplanta em muito a nossa "personalidade". O que queremos expressar é que a personalidade de Deus é de alguma forma comparável, mas muito além, do que chamamos de "pessoa". É, no entanto, a melhor palavra que temos. Então, para mim, a doutrina da Trindade me diz que existe um Deus, que nos criou à sua imagem (o que quer que seja exatamente o homem), e não há um panteão de muitos deuses diferentes feitos por humanos à sua própria imagem. E, em segundo lugar, me diz que o *status* tanto de Jesus Cristo como do Espírito é totalmente divino. Não pode ser de outra forma, se Cristo deve ser o meu Salvador e se o Espírito é capaz de responder plenamente às minhas necessidades espirituais.

Quero alertar contra a ideia de que devemos em nossa teologia retornar às crenças da primeira e segunda geração adventistas que fundaram nosso movimento. Essa é uma atitude cheia de perigos. Ela facilmente leva a uma negação de que, pela graça de Deus, a igreja amadureceu teologicamente – e continuará a fazê-lo, a menos que fiquemos presos nessa mentalidade de que o progresso é encontrado na regressão nostálgica ao passado.

A NATUREZA HUMANA DE CRISTO

Cristo era divino e humano ao mesmo tempo? Em caso afirmativo, como pode ser isso? E como devemos entender a humanidade de Cristo? Ele era exatamente como nós, ou não? A igreja primitiva precisou de séculos de estudo e debate vigoroso entre seus líderes, reunidos em Concílios em Niceia (325 d.C.), Calcedônia (451 d.C.) e outros lugares, para chegar a fórmulas detalhadas sobre as duas naturezas de Cristo, satisfatórias para a maioria dos crentes cristãos. Porém, desde então a igreja cristã confessou oficialmente que Cristo é "completamente Deus" e ao mesmo tempo "completamente homem".

A maioria dos primitivos adventistas não se preocupava demais com o mistério das naturezas de Cristo. O foco deles era o *status* e o papel atual de Jesus Cristo. Acreditavam que Jesus ascendeu ao Céu como nosso "sumo sacerdote", e que desde 1844 está envolvido em uma atividade celestial que foi prefigurada no serviço do santuário do Antigo Testamento como o "Dia da Expiação". Contudo, à medida que o tempo passou, o assunto das duas naturezas de Cristo começou a exigir mais atenção. Especialmente desde a publicação do livro *Questões sobre Doutrina*,[1] a questão tornou-se bastante controversa, pois esse livro definiu a natureza humana de Cristo de uma maneira que era, e é, inaceitável para muitos.

---

1. Esse livro resultou de longas discussões em 1955-56 entre alguns representantes da Igreja Adventista e dois líderes evangélicos. Donald Barnhouse e Walter Martin queriam saber mais sobre os ensinamentos dos Adventistas do Sétimo Dia, antes de Martin publicar um livro sobre o adventismo. Veja George R. Knight, *Questões sobre Doutrina* (Tatuí, SP: Casa Publicadora Brasileira, 2009).

Em essência, existem três pontos de vista concorrentes a natureza humana de Cristo.
- Cristo era em tudo exatamente como nós. Compartilhou as mesmas fraquezas humanas e experimentou a mesma propensão (inclinação) em relação ao pecado como todos os seres humanos;
- Cristo era totalmente homem no sentido de que Ele assumiu a mesma natureza humana que Adão possuía antes da queda; e
- Cristo herdou nossa natureza humana, mas sem a tendência hereditária em relação ao pecado com a qual devemos conviver. No entanto, essa "vantagem" foi mais do que compensada pelo fato de que Cristo foi infinitamente mais tentado do que jamais seríamos.

Qual dessas opiniões tem as mais fortes credenciais bíblicas? Aqui as opiniões diferem drasticamente. Correr para Ellen G. White para uma resposta clara não ajuda, pois suas muitas afirmações sobre a natureza de Cristo nos indicam diferentes direções e, através de uma consulta seletiva de seus escritos, pode-se encontrar apoio para cada um desses pontos de vista.[1]

Muitos membros da igreja encolhem os ombros e dizem: "Para que toda essa algazarra? É realmente importante? Certamente, nunca podemos esperar entender como uma pessoa pode ser divina e humana ao mesmo tempo. Portanto, não podemos exaurir nosso cérebro tentando compreender esse mistério. No entanto, a questão é mais importante do que parece superficialmente, e há algumas ramificações importantes que fazem com que muitos "crentes nas margens" estejam infelizes com sua igreja. Deixe-me explicar.

Em primeiro lugar, devemos considerar o artigo número quatro das Crenças Fundamentais:

---

1. Para um resumo das muitas declarações de Ellen White sobre a natureza humana de Cristo, ver Dennis Fortin, "Ellen White e a natureza humana de Cristo", https://www.andrews.edu/~fortind/EGWNatureofChrist.htm.

"Para sempre verdadeiramente Deus, Ele [Cristo] tornou-se também *verdadeiramente humano*, Jesus Cristo. Ele foi concebido do Espírito Santo e nascido da virgem Maria. Ele vivia e *experimentava a tentação de ser humano*, mas *exemplificava perfeitamente a justiça e o amor de Deus*. Por seus milagres, Ele manifestou o poder de Deus e atestou que era o Messias prometido de Deus. Ele sofreu e morreu voluntariamente na cruz por nossos pecados e em nosso lugar, ressuscitou dentre os mortos e subiu ao Céu para ministrar no santuário celestial em nosso favor. Ele virá novamente em glória para livramento final de seu povo e a restauração de todas as coisas" (itálico adicionado).

Alguns elementos importantes são enfatizados: (1) a divindade total de Cristo; (2) o nascimento virginal; (3) A plena humanidade de Cristo; e (4) o fato de que Ele pode servir como modelo perfeito para nós. Afirmamos nesse artigo que Cristo era "humano", mas a expressão evita judiciosamente qualquer definição precisa do termo. Pessoalmente, ficaria bastante feliz em deixar isso para lá. Como podemos definir algo que é totalmente único? Não temos nada para compará-lo. No entanto, nem todos estão preparados para simplesmente aceitar e viver com esse paradoxo estranho da divindade total e da humanidade plena em uma pessoa.

Qual é o problema maior? Argumenta-se que, se Cristo tomou a natureza humana que Adão teve antes de "cair" no pecado, Ele deixa de ser o nosso exemplo perfeito. Pois, se fosse assim, Ele teria uma vantagem distinta sobre nós e, portanto, não devemos ser culpados se não conseguimos viver de acordo com o padrão que Ele apresentou. Por outro lado, se Cristo assumisse a natureza humana que Adão teve após a "queda", e, no entanto, conseguiu permanecer sem pecado, é, em princípio, também possível para nós chegar a um ponto em nossa vida no qual podemos viver sem pecado. Em outras palavras, a perfeição é possível – não apenas no mundo por vir, mas já aqui, na Terra – se nos comprometemos plenamente com Cristo e estamos determinados a superar todas as nossas faltas e a viver em harmonia diária com a vontade de Deus.

Poucas pessoas, se houver, na Igreja Adventista negariam que Deus quer que cresçamos espiritualmente e modelemos nossa vida seguindo nosso excelente exemplo, Jesus Cristo. Mas uma grande porcentagem de membros da igreja também reconheceria (espero e penso) que são pecadores, estão longe de ser perfeitos e jamais estarão totalmente isentos de pecado até o momento em que serão recriados como seres perfeitos em um mundo novo. Eles acreditam que a Bíblia é clara acerca desse ponto: "Ninguém está sem pecado. Qualquer um que afirma estar sem pecado é um 'mentiroso'" (1 João 1:8).

Sem entrar em muitos aspectos teológicos, acredito que seria justo dizer que a ideia de que a perfeição ao alcance humano levou muitos aos perigosos caminhos do legalismo. Isso sempre foi uma armadilha para os cristãos conservadores e, em particular, para os Adventistas do Sétimo Dia. A salvação é pela fé em Jesus Cristo e não pelo que realizamos. Porém, para aqueles que enfatizam a validade eterna da lei de Deus, tentar ganhar pontos com Deus através de uma meticulosa obediência à sua lei sempre foi uma tentação importante. Então, a suposição de que podemos viver perfeitamente, porque Cristo era perfeito e era completamente diferente do que somos, pode facilmente levar a uma abordagem muito legalista da religião, na qual grande parte da alegria do evangelho fica pelo caminho. E há a percepção (seja plenamente justificada ou não), por parte dos descontentes com a igreja, que aqueles que se esforçam para a perfeição nem sempre são as pessoas mais agradáveis para conviver. Quando esses "perfeccionistas" estão liderando uma igreja local, muitos dos que estão "nas margens" sentem-se sufocados e incapazes de respirar no ambiente (geralmente legalista) que estimulam. Muitos deles acabarão por desistir e sair.

A ideia de que a perfeição é possível tem mais ramificações e está intimamente conectada ao que comumente se denomina "teologia da última geração" (LGT, é a sigla em inglês). Os defensores dessa visão combinam vários elementos da tradição adventista: o conceito do grande conflito, o tema do "remanescente", a possibilidade da perfeição e o papel de Cristo no santuário celestial.

Deixe-me tentar resumir essa LGT (teologia da última geração) em poucas palavras: Antes da segunda vinda de Cristo, os verdadeiros crentes, que "guardam todos os mandamentos de Deus" (incluindo o sábado) e que têm "o testemunho de Jesus" (identificado como o Espírito de Profecia = Sra. Ellen G. White), formarão um "remanescente" relativamente pequeno. Chegarão ao ponto de terem superado todo pecado e atingirão um estado de plena perfeição. Isso é essencial, pois a "liberdade condicional" termina quando Cristo concluir seu trabalho de intercessão no santuário celestial. No último período da história da Terra – antes de Cristo aparecer – aqueles que pertencem ao remanescente devem ser perfeitos, pois terão que viver por algum tempo sem um Intercessor. Além disso, Cristo não retornará até que esse último povo remanescente reflita perfeitamente o caráter de Deus.

Essa pode ser uma versão um tanto simplificada da teologia da última geração, mas captura a essência. O principal arquiteto dessa "teologia" foi M. L. Andreasen (1876-1962), um teólogo adventista proeminente, que depois perdeu a confiança denominacional e até perdeu suas credenciais pouco antes de sua morte. Houve períodos no passado quando essa "teologia" foi muito influente, por exemplo, durante o tempo em que Robert Pierson foi presidente da Igreja Adventista (1966-1979). Fez um retorno muito intenso nos últimos tempos e encontra um forte defensor em Ted N. C. Wilson, atual presidente da denominação adventista.

Para muitos "crentes nas margens", tudo isso é bastante desconfortável e parece ter uma abordagem totalmente diferente da mensagem alegre e direta do evangelho da salvação e da liberdade em Jesus Cristo. Eles podem não conhecer todos os detalhes dos argumentos que são apresentados para defender essa visão particular da natureza humana de Cristo, a ênfase no perfeccionismo e a teologia da última geração, mas percebem como ela afeta muitos de seus proponentes e muitas vezes alimenta uma atitude intolerante para com os que possuem outros pontos de vista. Eles podem não entender todo o raciocínio por trás disso, talvez não tenham lido nenhum livro a respeito, nem estudado ou verificado todas as declarações relevantes de Ellen G. White.

A dúvida talvez não seja a melhor descrição de seus sentimentos em relação a esse tipo de adventismo, pois eles têm essa sensação intuitiva de que esse não é o seu lugar. Esse tipo de "teologia" não produz a experiência religiosa que nutre sua fé e torna felizes as pessoas. Estar cercado por essa teologia faz com que desejem escapar. Consigo entender perfeitamente, pois é assim que eu sinto.

CAPÍTULO 8

E quanto a isto... ?

Muitas vezes, afirma-se que a doutrina do santuário é o único ensinamento verdadeiramente exclusivo do adventismo. É dito que perder esse elemento da herança adventista é, portanto, pôr em perigo a própria razão para a existência da Igreja Adventista como uma denominação distinta. Há outros grupos de cristãos que mantêm o sábado no sétimo dia da semana e muitos cristãos proclamam a breve vinda de Cristo, mas não há paralelos exatos com a visão adventista do santuário. No entanto, a doutrina do santuário não é apenas única, também é a mais controversa, e tem sido atacada e criticada por muitos ex-adventistas, bem como por muitos membros da igreja. Pode-se traçar uma história constante de dúvida e resistência a essa doutrina, como é tradicionalmente formulada.

A "VERDADE" DO SANTUÁRIO
Nos tempos do Antigo Testamento, Deus instituiu um método audiovisual (uma representação dramática) para impressionar o povo israelita de que a ruptura entre Deus e a humanidade só poderia ser restaurada através de uma graciosa intervenção divina. Essa intervenção foi muito dispendiosa; exigiu um sacrifício incalculável. Um sistema elaborado de sacrifícios foi dado às pessoas, para transmitir a mensagem de que tudo isso apontava para o sacrifício final, que restauraria a relação entre o homem e Deus. Cristo era aquele Sacrifício, mas era simbolizado também pelos sacerdotes e, em particular, o sumo sacerdote, que prefigurava o papel de Cristo como o grande Sumo Sacerdote, conforme descrito na Carta aos Hebreus. Assim, tudo o que aconteceu no cerimonial do santuário do Antigo Testamento, todos os

diferentes serviços – diariamente e anualmente – e todos aqueles que serviram no santuário formavam um símbolo coletivo de Jesus Cristo e Sua atividade salvífica.

Com base em várias declarações proféticas na Bíblia, Guilherme Miller desenvolveu uma teoria de que o retorno de Cristo era iminente e poderia ser esperado "em torno de 1843". Mais tarde, tornou-se mais específico e, finalmente, concordou com alguns dos outros pregadores mileritas que a segunda vinda aconteceria em 22 de outubro de 1844. Esse dia fatídico, no entanto, tornou-se o dia do "grande desapontamento" para os crentes mileritas, quando passaram sem qualquer sinal da vinda de Cristo.

Nos dias e semanas depois dessa experiência desanimadora, os adventistas desiludidos se perguntavam o que dera errado. Teria havido um erro nos cálculos? Ou os cálculos estavam corretos, mas eles estavam enganados quanto ao evento desse dia? Um grupo desses crentes do Advento logo concluiu que, nessa data, 22 de outubro de 1844, Cristo havia começado Seu ministério como Sumo Sacerdote celestial no santuário no Céu. Essa atividade fora prefigurada pelo elaborado ritual do Dia da Expiação no serviço do santuário de Israel. Argumentou-se ainda que o dia anual da expiação era, em certo sentido, uma espécie de dia do julgamento. Os pecados que as pessoas haviam confessado durante o ano, e para o qual trouxeram suas ofertas de sacrifício ao longo do ano, eram apagados no *"Yom Kippur"* – o Dia da Expiação. Esse ritual que se repetia a cada ano apontava para a obra de Cristo no Céu, durante a chamada fase "investigativa" ou "pré-advento" do julgamento, que serve para tornar claro quem será salvo e quem estará perdido.

Onde estão os problemas para muitos daqueles que estão "na margem"? No passado, as dúvidas eram centradas, em particular, em duas questões. Em primeiro lugar, preocupava-se com a questão de saber se a obra de Cristo estava realmente concluída na cruz ou se a expiação estaria incompleta até que Cristo realizasse sua outra obra sacerdotal no santuário celestial. Para muitos, era (e é) importante enfatizar que o sacrifício de Cristo na cruz era definitivo e que seu trabalho expiatório não deveria ser dividido em uma primeira e segunda fase, como explica a doutrina do santuário adventista tradicional.

Em segundo lugar, havia o papel de Azazel. Se você não tem certeza do que ou de quem é Azazel, você pode querer ler o ritual do Dia da Expiação no Antigo Testamento, em Levítico 16. No final das cerimônias daquele dia, um bode era enviado para o deserto, levando todos os pecados das pessoas (versículo 16). De acordo com a explicação adventista tradicional, cada detalhe do ritual do Antigo Testamento tem uma contrapartida no "Dia da Expiação" real, no qual Cristo oficia. O bode, chamado Azazel, é entendido como um símbolo de Satanás. Houve um protesto feroz contra essa visão, uma vez que isso parece implicar que os adventistas realmente acreditam que Satanás desempenha um papel na nossa redenção do pecado.

Mais tarde, as objeções de muitos que duvidam da doutrina do santuário (me incluo em grande parte) tendem a ser mais gerais e/ou concentrar-se em outros aspectos. Os objetores acham difícil aceitar que deve haver algum tipo de edifício literal e material no Céu, com mobiliário e artefatos literais, e com dois compartimentos separados, como afirmam muitos de seus companheiros adventistas. Consideram muito difícil acreditar que, em outubro de 1844, Jesus Cristo caminhou de um compartimento (lugar santo) para outro (lugar santíssimo) do santuário, onde permanece desde então, trabalhando arduamente para garantir que nenhum erro seja feito na contabilidade celestial do pecado humano. Devemos realmente acreditar em uma aplicação tão literal do simbolismo do Antigo Testamento, eles se perguntam?

Uma objeção provavelmente ainda mais fundamentada é o fato de que a doutrina do santuário adventista tradicional não começa com a descrição do Novo Testamento do ritual do santuário celestial, conforme encontrado na Carta aos Hebreus, mas no que informa o Antigo Testamento sobre o Dia da Expiação. Em vez de interpretar o ritual do Antigo Testamento à luz do comentário dado no Novo Testamento, essa interpretação (inspirada) mais tarde é forçada no modo do Antigo Testamento. Para mim, a descrição do papel de Cristo como nosso Mediador é decisiva.

Não estou preocupado com os movimentos de Cristo em um lugar celestial, quero permanecer focado na verdade central: Jesus Cristo é e continua sendo nosso Mediador e garante nosso acesso ilimitado a Deus.

1844

Para muitos, a data de 1844 é um aspecto sagrado do ensino adventista. Os adventistas mais antigos lembrarão as representações esquemáticas das "2.300 tardes e manhãs", com a data do 457 a.C. em uma extremidade e 1844 na outra extremidade, e em algum lugar no meio, o símbolo da cruz. Hoje, mesmo a maioria dos adventistas que insistem na importância da data de 1844 não seria capaz de explicar como se chegou a essa data de outubro de 1844. E, na verdade, isso requer um raciocínio complexo. Os duvidosos dirão também que o ensinamento exige uma série de pressupostos que veem como extremamente instáveis.

O ensino tradicional adventista sustenta que o livro de Daniel contém uma profecia de tempo que nos leva ao ano de 1844, como o momento em que algo significativo aconteceu no Céu. Para chegar a essa conclusão, é preciso estar disposto a dar uma série de passos. Em primeiro lugar, é preciso aceitar que o livro de Daniel foi escrito por um profeta que viveu e trabalhou na corte babilônica, e depois na corte persa, no século 6 a.C., e que ele transmitiu uma série de mensagens proféticas que se relacionavam com o período de seus dias até o fim dos tempos. Hoje, a maioria dos especialistas no livro de Daniel acredita que essa parte da Bíblia foi escrita no século 2 a.C., por um autor desconhecido que usou o nome do profeta Daniel para dar mais autoridade ao seu documento. Hoje, esse procedimento seria considerado extremamente enganoso, mas, na antiguidade, essa era uma prática comum.

Na interpretação adventista padrão do livro, o poder do mal que desempenha um papel fundamental ("o chifre pequeno") refere-se à Igreja Católica Romana. A maioria dos estudiosos hoje argumenta que esse "chifre pequeno" é um símbolo de um rei grego, Antíoco IV Epifânio, que fez o povo judeu passar um momento difícil e profanou o templo de Jerusalém em 168 a.C.

Para chegar à visão adventista tradicional sobre a profecia dos 2.300 dias que terminam em 1844, é preciso ir contra a opinião acadêmica maioritária e manter a data do início (século sexto a.c.) do livro e rejeitar a teoria alternativa que muitos acham de longe mais convincente. Deve-se dizer, no entanto, que também há alguns bons argumentos para datar anteriormente o livro. Pessoalmente, tendo a pensar que partes do livro de Daniel refletem uma data anterior, enquanto outras partes podem ter sido adicionadas em uma data muito posterior. De qualquer forma, é bom saber que as abordagens para o livro de Daniel diferem drasticamente.

O próximo passo para chegar à data de 1844 seria aceitar que Daniel 8, no qual se menciona o período de tempo de 2.300 dias, está relacionado com Daniel 9, onde o ponto de partida desse período profético é supostamente encontrado. Daniel não entendeu a visão do capítulo 8 sobre os 2.300 dias e manteve-se preocupado com seu possível significado. Em Daniel 9, então a explicação ocorre, ele recebe a chave. Um novo período de tempo é mencionado: setenta semanas são "cortadas" para um propósito específico. Argumenta-se que o período das setenta semanas é, de fato, a primeira seção dos 2.300 dias. Assim, se conhecemos o ponto de partida do período de setenta semanas de Daniel 9, também sabemos quando começaram os 2.300 dias de Daniel 8. O problema que muitos intérpretes, no entanto, veem é que há um lapso considerável de tempo (cerca de doze anos) entre a visão de Daniel no capítulo 8 e a de Daniel 9, o que torna essa conexão não provável, dizem eles, como os adventistas têm tradicionalmente argumentado.

Ainda, há o próximo obstáculo. No ensino adventista, o ponto de partida para as setenta semanas, e, portanto, presumivelmente também para os 2.300 dias, é encontrado em Daniel 9:25. Esse texto aponta para o momento em que um governante emitiria um decreto que permitiria aos judeus, que haviam vivido como exilados em Babilônia, retornar à Palestina e reconstruir Jerusalém. A interpretação tradicional nos diz que esse decreto foi emitido pelo rei persa Artaxerxes I em 457 a.C. No entanto, mais de um tal decreto foi emitido e nem todos concordariam que esse decreto particular de Artaxerxes é o que Daniel 9:25 se refere e, portanto, não podemos, com segurança, escolher a data de 457 a.C. como o início das setenta semanas e dos 2.300 dias.

Isso não esgota o número de etapas que devemos levar para finalmente chegar a 1844. Uma das principais pressuposições é que, nas profecias do tempo bíblico, um dia profético deve ser interpretado como um ano literal. Se isso for verdade, e se a escolha da data de 457 a.C. estiver correta e se os períodos em Daniel 8 e 9 forem executados simultaneamente, então, 2.300 dias proféticos são 2.300 anos literais e chegam até 1844. Porém, será que existe uma base sólida para este chamado "princípio dia-ano"?

O "princípio dia-ano" não é uma invenção adventista, tem sido usado por muitos expositores de profecias no passado. No entanto, isso ocorreu em um momento em que a maioria desses expositores viram as profecias "apocalípticas" (especialmente nos livros de Daniel e Apocalipse) como uma descrição da história do mundo até a segunda vinda de Cristo. Hoje, a maioria dos estudiosos da Bíblia prefere outras abordagens para essas partes proféticas da Bíblia, e poucos ainda defenderiam o "princípio dia-ano". Eles apontam que os dois textos geralmente citados em defesa desse princípio (Números 14:34 e Ezequiel 4:5-6) não são muito conclusivos – certamente não quando lidos em seu contexto.

Outra questão a respeito da data de 22 de outubro de 1844, que permanece bastante desconcertante para a maioria dos adventistas (e não apenas para aqueles "nas margens"), é que um tipo especial de calendário judaico é usado para determinar em que dia o décimo dia do mês judeu Tishri (quando o dia judeu da expiação deveria ser celebrado) caiu naquele ano. Os "pioneiros" adventistas que desenvolveram a doutrina do santuário optaram pelo calendário do movimento judeu Caraíta. Para a maioria dos membros da igreja que tentam entender a base para a doutrina do santuário, continua sendo um mistério por que eles preferiram esse calendário em particular.

Contudo, surgem outras questões. Na versão King James (uma das mais antigas e tradicionais versões da Bíblia em inglês),

Daniel 8:14 diz: "Em dois mil e trezentos dias; então o santuário será purificado." Outras versões indicam que o santuário deveria ser restaurado ou "ser restaurado em seu estado legítimo". Toda a doutrina permanece ou cai com a identificação desse santuário e a interpretação do termo "purificado" ou "restaurado". Para o adventismo tradicional, que coloca Daniel no século sexto a.c., é claro que o santuário que deve ser "purificado" se refere ao santuário celestial, já que o templo de Jerusalém deixara de existir muito antes do fim do período de 2.300 anos.

Muitos adventistas se perguntam como algo tão complicado como a tradicional doutrina adventista do santuário pode ser crucial para a fé. Eles acreditam que Cristo é o seu Mediador e que por causa dEle podem se sentir seguros. Essa ideia de um santuário literal no Céu, onde Cristo teria entrado em 1844 para uma fase final em Seu trabalho redentor, não parece muito convincente para eles. E quão relevante pode ser dizer aos outros sobre algo que, supostamente, aconteceu em 1844? Não é muito mais importante se preocupar com o significado da mensagem do evangelho na primeira parte do século 21?

Deve-se acrescentar que as dúvidas sobre a doutrina do santuário não se limitas aos "crentes que estão nas margens".[1] Tanto as evidências anedóticas quanto alguns dados mais sérios sugerem que muitos membros da igreja têm profundas dúvidas sobre os pontos de vista do santuário tradicional e especialmente sobre a interpretação de Daniel 8:14 e a aritmética que se baseia

---

1. Veja Jean-Claude Verrecchia, *God of No Fixed Address: From Altars to Sanctuaries, Temples to Houses* (Eugene, OR: Wipf and Stock, 2015). Esse importante livro explora novos caminhos sobre a doutrina do santuário. Até agora, apareceu em inglês, francês e holandês. Verrecchia defende uma reavaliação franca da visão adventista tradicional desta doutrina, depois de enfatizar o desconforto generalizado entre muitos crentes adventistas a respeito da interpretação tradicional. Para um levantamento histórico de como o adventismo tem relação com a doutrina do santuário, ver Alberto R. Timm, "A doutrina Adventista do Sétimo Dia do Santuário (1844-2007), em: Martin Pröbstle et al., eds, *For You Have Strengthened Me: Biblical and Theological Studies in Honor of Gerard Pfandl in Celebration of his Sixty-Fifth Birthday* (Peter am Hart (Austria): Seminar Schloss Bogenhofen, 2007), p. 331-359.

nesse texto.[1] Também há mais do que apenas evidências anedóticas para indicar que uma porcentagem significativa de pastores adventistas já não suporta a visão tradicional.[2] Para aqueles que duvidam se o conceito de "1844" é ou não um elemento essencial de nosso ensino adventista, posso oferecer algum consolo. Se você tem dúvidas, não está sozinho, mas na companhia de muitos. Falando ou escrevendo sobre "1844", sempre me lembrarei da ansiedade de minha mãe quando ela não podia explicar esse ponto para os outros, porque ela nunca se lembrava de todos os detalhes. Ela me confessou que se sentia culpada por isso – ela realmente tentava, insistia, mas logo depois de ter lido sobre isso novamente, esquecia. Eu disse a ela para não se preocupar. Sim, eu lembrei como o argumento de 1844 foi construído, mas me perguntei como algo tão complicado poderia ser um ensino fundamental, especialmente se isso significasse tão pouco para alguém que sempre foi adventista como minha mãe![3]

PROFECIAS DO FIM DO TEMPO

Outra área que é fonte frequente de desconforto e dúvida é a abordagem tradicional das profecias de Daniel e Apocalipse em geral. Embora os detalhes da interpretação tradicional desses livros proféticos não sejam enunciados nas Crenças Fundamentais, expressar dúvidas sobre isso é extremamente perturbador para muitos que sustentam que o adventismo perde sua identidade se não pregamos e acreditamos na "Verdade" como era expli-

---

1. O Dr. David Trim, diretor do Escritório de Arquivos e Estatísticas da Igreja Adventista do Sétimo Dia, relatou ao Concílio Anual em 2013 o resultado de um projeto de pesquisa no qual mais de 4.000 membros da igreja em todo o mundo participaram. 38% indicaram que não aceitam a doutrina do santuário e o juízo investigativo.
2. Uma pesquisa com mais de 200 pastores, no ano 2000, na região de Los Angeles (EUA), indicou que 41% deles não aceitavam a versão tradicional da doutrina do santuário adventista. Veja Aivars Ozolins, "Dissonância Doutrinária e Liderança Adventista: Recuperando a Totalidade Espiritual Através da Crise".
3. http://lasierra.edu/fileadmin/documents/religion/School_of_Religion_2011-12/ASRS_2011/05_Aivars_Ozolins_Doctrinal_Dissonance.pdf.

cada nos volumes clássicos que os pioneiros adventistas escreveram ou, pelo menos, como são apresentados em uma versão um pouco atualizada em publicações recentes de nossas editoras oficiais e (mais ainda) por editores independentes do lado "certo" da igreja. Pessoalmente, experimentei o desagrado do Instituto de Pesquisa Bíblica da Associação Geral (e de vários líderes da igreja), quando escrevi minha dissertação de doutorado sobre atitudes adventistas em relação ao catolicismo romano e pedi uma revisão crítica de alguns dos nossos pontos de vista tradicionais.[1]

De acordo com a interpretação adventista de Daniel e Apocalipse, essas porções das Escrituras nos dizem sobre "o Grande Conflito" entre o bem e o mal ao longo dos tempos. Os símbolos são aplicados a eventos históricos e a poderes políticos e espirituais específicos, e às vezes também a pessoas claramente identificáveis do passado, do presente e do futuro. É dito que a apostasia na Igreja cristã culminou na igreja papal, que perseguiu o povo de Deus no passado e o fará novamente com uma vingança ainda maior no futuro – com a ajuda do protestantismo "apóstata" e de vários poderes ocultos. Tudo se move inexoravelmente em direção a um clímax sombrio, antes da segunda vinda de Cristo, quando um pequeno remanescente daqueles que permaneceram leais terá que enfrentar a implacável oposição de todos os inimigos de Deus, que juntos formam a "Babilônia espiritual".

O remanescente é – de acordo com essa visão – a Igreja Adventista do Sétimo Dia ou o núcleo de crentes adventistas que permaneceram leais à verdade das mensagens dos "três anjos". No conflito final, o sábado exercerá um papel ainda mais crucial. Os guardadores do domingo serão reconhecidos pela "marca da besta", enquanto os guardadores do sábado carregarão o "selo" de Deus! As leis dominicais serão proclamadas em uma campanha mundial e mortal contra o remanescente de Deus, em que o catolicismo romano, com o apoio do protestantismo, unirá forças com os Estados Unidos.

---

1. Reinder Bruinsma, *Seventh-day Adventist Attitudes toward Roman Catholicism*, 1844-1965 (Berrien Springs, MI: Andrews University Press, 1994).

É certo que a maioria dos adventistas que defende esses pontos de vista não classifica todos os não adventistas como "Babilônia" e não condenará todos os outros cristãos que tentam servir a Deus com o melhor de seu conhecimento. É claro, no entanto, que esse cenário profético adventista não encoraja vínculos estreitos com outras comunidades cristãs ou cooperação entre igrejas. Todos os sinais positivos das organizações ecumênicas para a Igreja Adventista tendem a ser vistos com profunda suspeita, uma vez que (nós pensamos) sabemos onde irão desaguar.

É um eufemismo dizer que muitos "crentes que estão nas margens" não estão mais à vontade com esse cenário geral. Questionam a validade de muitas das aplicações históricas. Eles sabem que, no passado, muitas interpretações tiveram de ser modificadas, pois os eventos não ocorreram como esperado. Perguntam se os católicos são nossos inimigos e se outros cristãos merecem nossa desconfiança. Eles questionam: a Igreja Católica do Papa Francisco é a mesma instituição medieval que patrocinou a Inquisição? Todos os cristãos no mundo de hoje não enfrentam desafios comuns? O desenfreado secularismo do nosso tempo não é um perigo muito maior do que as formas de cristianismo que diferem do adventismo? O crescimento da religião islâmica, mesmo no Ocidente, não é uma dor de cabeça muito maior do que um movimento ecumênico que pode ter alguns aspectos dos quais não gostamos?

Mesmo se alguém concordar que o adventismo pode legitimamente afirmar que deve trazer uma mensagem especial que enfatize aspectos do evangelho que são principalmente negligenciados pelos outros – isso garante a crença de que somente os adventistas constituem a igreja "remanescente" e, portanto, é a única comunidade de crentes que vai sobreviver no final? Para muitos, as visões proféticas adventistas tradicionais representam cada vez mais uma área de dúvida. Eles se perguntam: "Será que desejo viver nessa atmosfera, onde devo assumir que sou o único que está certo e que todos os outros estão errados?" Não deveria eu me concentrar em Cristo como meu amigo e não em outros cristãos como meus inimigos?

Foi bom que, nos meus primeiros anos na faculdade, a professora que tentou nos ajudar a entender os livros de Daniel e

Apocalipse reiterou que nem todos os intérpretes adventistas sempre concordaram em todas as questões e que tem havido significativas mudanças nas explicações adventistas. As visões sobre o papel profético da Turquia em torno da Primeira Guerra Mundial tinham se provado falhas, e outras previsões com base em Daniel e Apocalipse também não se materializaram. Quando comecei minha educação universitária, o Armagedom era um tópico destacado. As emoções ficavam à flor da pele quando era discutida a questão de saber se se refere a um conflito final literal (sobre o petróleo!), em algum lugar no Oriente Médio, ou se é o nome simbólico de uma batalha espiritual no fim dos tempos, quando todo ser humano terá que decidir sobre de que lado está? Gradualmente, o último ponto de vista tornou-se dominante.

Esses e muitos outros exemplos me levam a sugerir que devemos ter cuidado ao elaborar uma tabela de datas exatas ou desenvolver um cenário detalhado dos fins dos tempos com base nesses dois livros bíblicos. É muito mais importante compreender sua mensagem subjacente para todos os tempos e abster-se de se aproximar desses livros apocalípticos como quebra-cabeças em que centenas de peças se devem encaixar. No último capítulo, voltarei brevemente a esse importante ponto.

ELLEN G. WHITE

Poucos adventistas, se houver algum, negarão que a Sra. Ellen G. White tenha desempenhado um papel importante na Igreja Adventista do Sétimo Dia. Ela é considerada – e isso é absolutamente correto – como uma cofundadora da Igreja Adventista. A maioria dos adventistas também concorda que ela era uma mulher extraordinária, que, apesar de uma educação formal muito limitada, teve uma grande influência no pensamento inicial do adventismo e no desenvolvimento da filosofia da igreja em áreas como educação, saúde e evangelismo. As opiniões começam a diferir quando sua capacidade e realizações são descritas como resultado de um dom profético, e quando ela é elevada ao *status* de uma profetisa.

Muito, é claro, depende de como o termo "profeta" é definido. Ela foi uma pessoa usada por Deus na fase inicial da Igreja

Adventista, como, por exemplo, Martinho Lutero na época da Reforma do século 16 ou John Wesley na fase formativa do metodismo? Ou foi ela uma profetisa inspirada no sentido de que tudo o que escreveu deveria, em cada detalhe, ser aplicado a nós que vivemos e "vemos" a igreja em circunstâncias totalmente diferentes? Devemos também optar por um método de leitura literal em relação aos escritos de Ellen White? E será o que ela disse e escreveu a última palavra sobre interpretação da Bíblia e o critério definitivo para determinar se uma doutrina é correta?

Apesar de o ensino adventista oficial afirmar claramente que os escritos de Ellen G. White não possuem a mesma autoridade que a Bíblia, muitos adventistas "nas margens" ficam perturbados pelo fato inegável de que, na prática, Ellen White não é muitas vezes contra a luz das Escrituras, mas é frequentemente contraditória. Muitos parecem usar Ellen G. White como o guia infalível do significado correto e da aplicação da Bíblia. Além disso, suas palavras são frequentemente aplicadas às situações de hoje, sem qualquer consideração com o contexto totalmente diferente em relação ao que ela viveu e trabalhou. Muitos dos que estão "na margem" ficam abalados quando um sermão (como acontece frequentemente) contém mais citações de Ellen White do que referências bíblicas e quando o mantra de "Ellen White diz", ou simplesmente "ela diz", é invocado para estabelecer tudo.

Deve-se admitir que, entre os críticos de Ellen G. White, há muitos que mal leram seus livros e que sabem muito pouco sobre seu importante papel nos primórdios da história adventista. Sem dúvida alguma, a maior parte dos questionamentos sobre o ministério de Ellen White desapareceriam rapidamente se as pessoas simplesmente lessem mais do que ela escreveu. Há muitos que tentaram (mais ou menos com sucesso) ler livros como *Patriarcas e Profetas*, *O Desejado de Todas as Nações* e *O Grande Conflito*, e encontraram muitos pensamentos inspiradores e estimulantes. Porém, essas pessoas não ficaram necessariamente convencidas de que tudo o que a Sra. White escreveu é histórica e absolutamente correto e que a maneira como ela entendeu os eventos bíblicos e históricos é a única perspectiva possível. Além disso, eles também leram sobre Ellen White e descobriram que ela nem sempre reivindicava o que muitos de seus admiradores reivindicavam para ela. E, para sua consternação, descobriram que ela muitas vezes "tomou emprestados" textos dos outros. Concluíram que Ellen White era um ser humano comum, longe de ser perfeito, que nem sempre era coerente, podia mudar de ideia e, em muitos aspectos, modificou seu pensamento ao longo dos anos.

Juntamente com muitos adventistas, eu protesto contra a maneira como Ellen White é frequentemente colocada em um pedestal e transformada em árbitro final para tudo no adventismo. Como outros insatisfeitos, não gosto dessa tendência de tratar Ellen White como uma santa e usá-la como um instrumento para criticar àqueles que podem ter outras opiniões sobre questões de teologia e estilo de vida. E, como eles, sinto uma aversão quando os principais líderes da igreja usam suas palavras – muitas vezes totalmente fora de contexto – para resolver todos os problemas e responder a todas as questões. Na verdade, como muitos "crentes nas margens", sinto que a maneira como Ellen G. White e o "Espírito de Profecia" são usados (a escolha desse último verbo é intencional) arrisca transformar a Igreja Adventista em uma seita religiosa.

Para mim, a questão não é se Ellen White deve ser reconhecida como uma pessoa divinamente inspirada, que desempenhou um papel crucial no início do adventismo e continua a inspirar muitos através de suas ideias espirituais. A questão é de que maneira Deus a inspirou. Quando olhamos para todas as evidências – e estudos recentes nos ajudaram muito a chegar a uma melhor compreensão – reconhecemos que ela falou e escreveu dentro de um contexto histórico específico, com suas próprias influências metodistas típicas do século 19, e foi influenciada pelas pessoas que conheceu e os livros que teve oportunidade de ler. É claro que ser inspirado não significa que cada palavra de seus lábios ou de sua caneta tenha sido revelada a ela de maneira sobrenatural. A Igreja Adventista poderia ter evitado muita controvérsia se os líderes estivessem mais dispostos a compartilhar com os membros em geral o que muitos conheciam há muito tempo.

Gradualmente, as tentativas estão sendo feitas para dar uma imagem mais completa de como Ellen White atuou e como seus livros foram escritos. O historiador George Knight, em particular, fez contribuições significativas nesse sentido.¹ Muitos adventistas devem ajustar o seu ponto de vista de longa data e descobrir uma Ellen White muito mais "humana" do que a profetisa que tem a palavra final – divinamente inspirada sobre tudo e cujos comentários frequentemente até mesmo chegam a eclipsar a autoridade da Bíblia.² Porém, apesar de tudo, acredito que temos todos os motivos para agradecer o que Deus concedeu à Igreja Adventista através do ministério de Ellen Gould White.

PROBLEMAS DE ESTILO DE VIDA

Além das doutrinas que fazem com que muitos membros da igreja se perguntem: "Ainda posso acreditar nisso?", outras dúvidas têm a ver com questões de estilo de vida. Quão bíblicas são as "regras" adventistas sobre alimentos, joias, recreação, sexo e relações conjugais (incluindo relações entre pessoas do mesmo sexo)? Algumas dessas restrições não seriam simplesmente resíduo de uma herança vitoriana? Muitas não estariam principalmente baseadas em Ellen White em vez de fundamentadas na Bíblia? Algumas dessas proibições, pelo menos, não estariam em conflito com o princípio evangélico da liberdade em Cristo?

---

1. The Review and Herald Publishing Association (Hagerstown, MD) publicou uma série de livros breves, mas muito informativos por George R. Knight, *Meeting Ellen White: A Fresh Look a Her Life, Writings and Major Themes* (1996); *Reading Ellen White: How to Understand and Apply Her Writings* (1997); *Ellen White's World: A Fascinating Look at the Times in which She Lived* (1998). Vários desses títulos também foram publicados em português pela CPB ou pela Unaspress.
2. O teólogo e escritor australiano Graeme Bradford sublinhou a importância de reconhecer o aspecto humano no ministério dos profetas em: *Os profetas são humanos* (Victoria, Austr. "Signs Publishing Company, 2004); Muitas informações fascinantes sobre Ellen White são encontradas em um recente. livro que reúne ensaios de eruditos adventistas e não-adventistas: Terrie Dopp Aamodt, et. al., *Ellen Harmon White: American Prophet* (New York: Oxford University Press, 2014. Denis Fortin e Jerry Moon, ambos professores do Seminário Teológico da Universidade Andrews (a principal escola de teologia da Igreja Adventista) editaram a excelente *Ellen G. White Encyclopedia* (2003), a qual já foi lançada em português, pela CPB.

Penso que seria justo dizer que as dúvidas nessa categoria, às vezes, refletem um desejo de justificar o próprio comportamento, em vez de algum critério pensado e teologicamente enraizado. Em muitos casos, os problemas de estilo de vida estão firmemente incorporados nas circunstâncias culturais e refletem um "Isto é o que eu penso que o Senhor diz", em vez de um claro "Assim diz o Senhor". Poucos, se houver alguém, negarão que os cristãos (adventistas) deveriam se portar "de forma cristã" e que devem se guiar pelos princípios bíblicos na sua vida diária. No entanto, temos que reivindicar a liberdade do evangelho para interpretar esses princípios de acordo com nossa própria consciência – contando com a vontade de ajustar nossos pontos de vista ao alcançarmos melhor compreensão desses princípios básicos. E será que ainda é preciso lembrar que devemos nos abster de julgar os outros e de tentar forçá-los a abraçar as regras que adotamos para nós?

Mais poderia ter sido dito sobre dúvidas em relação a doutrinas particulares, mas é tempo de avançar para a importante questão de saber se uma organização eclesiástica pode exigir fidelidade a uma ampla gama de posições doutrinárias, sem permitir qualquer diversidade de opinião e sem demonstrar tolerância para com as pessoas que possuem pontos de vista que diferem do padrão oficial da igreja como codificado nas vinte e oito Crenças Fundamentais. Os que duvidam seriamente de um número de "28" ainda podem ser adventistas? Em sã consciência, podem permanecer membros da Igreja Adventista? Devem continuar "nas margens", ou podem participar plenamente da vida da igreja? Conseguirão (re)descobrir um papel satisfatório para si mesmos na Igreja Adventista? Ou a honestidade exige a saída completa da comunidade adventista? Esse será o tema do nosso próximo capítulo.

CAPÍTULO 9

Em que exatamente devo crer?[1]

Quando nosso filho estava matriculado na escola fundamental cristã na cidade holandesa onde moramos, minha esposa se ofereceu para ajudar os alunos a melhorar suas habilidades de leitura. Sua ajuda foi aceita, mas houve um pequeno problema. A escola tinha uma explícita identidade calvinista e exigia que todos os professores e voluntários assinassem uma declaração de que concordavam com as Três Formas de Unidade. Minha esposa nunca tinha ouvido falar dessas "Três Formas". Logicamente, ela não queria assinar algo que nunca havia lido e, como resultado, ofereceu colaboração de voluntariado para uma escola pública que funcionava não muito longe dali.

Quais são essas três formas de unidade? Elas dizem respeito a alguns documentos que os calvinistas holandeses dos séculos 16 e 17 aceitavam como oficiais. O mais conhecido dos três é o Catecismo de Heidelberger. Uma das questões tem a ver com a controvérsia entre os que defendiam o "livre arbítrio" arminiano e aqueles que defendiam a posição calvinista da completa predestinação. Mesmo que os administradores da escola indicassem

---

1. Este capítulo contém material que foi publicado em meus blogs semanais (www.reinderbruinsma.com) de 31 de julho, 6 de agosto e 13 de agosto de 2015, e em um capítulo que escrevi para o Festschrift do Dr. Jon Dybdahl: "Are all truths Truth? Some Thoughts on the Classification of Beliefs", em: Rudi Maier, ed., *Encountering God in Life and Mission – A Festschrift Honoring Jon Dybdahl* (Berrien Springs, MI: Department of World Mission, Andrews University, 2010), p. 173-188.

que a assinatura da declaração era uma mera formalidade, minha esposa não gostou do fato de ter sido obrigada a concordar com esses documentos antigos e as posições doutrinárias que envolviam. Até hoje, as "Três Formas da Unidade" estão nos chamados documentos confessionais da Igreja Protestante da Holanda. Isso significa que a maioria dos membros dessa denominação (e de outras que seguem a tradição calvinista nos Países Baixos e em outros lugares) sabe o que dizem tais documentos? Acho que a maioria tem, no máximo, uma vaga ideia do que é isso. Ler mesmo o documento pouquíssimos devem ter lido. Contudo muitas discussões sobre certos aspectos desses documentos demonstraram que é extremamente difícil mudar um único parágrafo ou algumas palavras. Isto é o que tende a acontecer quando uma igreja adota um "credo".

É precisamente o que os primeiros líderes da Igreja Adventista pensavam quando expressaram sua oposição à adoção de qualquer confissão formal de fé. Eles tinham visto como, nas denominações nos Estados Unidos que eles conheciam, tais documentos adquiriram quase o mesmo nível de autoridade que a Bíblia, e sabiam quão difícil era ter uma discussão aberta sobre aspectos menores de tal credo. Tudo tinha sido definido de uma vez por todas, e deveria se manter o que os sábios do passado haviam decidido. Os pioneiros adventistas, portanto, proclamaram forte e orgulhosamente: "Não temos credo além da Bíblia!"

Só que gradualmente a relutância em estabelecer um "credo" se dissipou. E hoje temos um documento que é conhecido como as vinte e oito doutrinas dos Adventistas do Sétimo Dia. Tornou-se muito mais do que uma simples enumeração das mais importantes crenças adventistas. As crenças fundamentais se transformaram numa prova de ortodoxia. Determinam o que você deve acreditar, se realmente quiser fazer parte da igreja.

Significa que todos os adventistas do sétimo dia sabem mais ou menos o que são as vinte e oito "doutrinas"? Longe disso. Fiz algumas pesquisas e conclui que a maioria dos adventistas holandeses não consegue citar nem uma dúzia dessas "doutrinas". E, sejamos honestos; a maioria dos recém-batizados não tem uma ideia clara da abrangência de muitas dessas

28 crenças. Em outros países, a situação não deve ser diferente. Não acho que a maioria das 30 mil pessoas que foram batizadas no Zimbabue, há pouco tempo, depois de uma campanha evangelística de algumas semanas, ou das 100 mil pessoas batizadas em Ruanda, em maio de 2016, conseguirão mencionar mais do que umas poucas crenças adventistas "fundamentais". A liderança superior da igreja esteve envolvida nesses batismos em massa e louvou a Deus pela "rica colheita de almas". No entanto, ao mesmo tempo, esses líderes disseram várias vezes que não se pode ser um bom adventista se não concordar completamente com todas as vinte e oito doutrinas fundamentais. Parece que algo não faz sentido.

Inegavelmente, a declaração adventista de Crenças Fundamentais é um documento importante. No entanto, não devemos torná-lo mais importante do que é. As crenças fundamentais jamais devem adquirir o *status* estéril de uma "confissão de fé" que possa ser usada como lista de verificação para determinar a ortodoxia de uma pessoa (ou a falta dela). Isso é totalmente incompatível com nossa tradição adventista.

PRECISAMOS DE DOUTRINAS?

Muitos crentes se perguntam: realmente precisamos de doutrinas? E, em caso afirmativo, quais doutrinas são cruciais e quais podem ser menos essenciais? Na mente de muitos crentes, doutrinas ou dogmas estão associados à teologia e a uma abordagem puramente intelectual da religião. Por que, muitos diriam, não é suficiente ter uma fé "simples" semelhante à de uma criança? Embora a fé e a doutrina às vezes pareçam estar em tensão uma contra a outra, não são opostas, mas estão intimamente ligadas e se complementam.

Doutrina – ou teologia – resulta da fé, mas também nutre nossa fé. Foi o teólogo medieval Santo Anselmo que afirmou: "creio, porque, se não cresse, não conseguiria compreender". Essa "busca por entender" não é apenas uma busca individual pela verdade, mas ocorre no contexto de uma comunidade. A comunidade de crentes naturalmente quer compreender o que acredita e quer descrever isso em algum tipo de ordem sistemática.

Quer conhecer as implicações de sua fé, na teoria e na prática. A maioria dos cristãos diria que as doutrinas em que acreditam são baseadas na Bíblia, mas isso seria uma simplificação excessiva. Ler e estudar a Bíblia não acontece no vazio, mas sempre dentro de uma comunidade, em um contexto histórico e em uma cultura particular.

Parece-me que podemos comparar o papel da doutrina na nossa experiência de fé com a gramática no domínio da linguagem. Gramática não é a mesma coisa que linguagem, mas a gramática dá estrutura ao idioma. Por isso, ajuda a ser compreendidos quando explicamos a outras pessoas o que acreditamos. Quanto mais hábil em nosso uso do tipo de linguagem estruturada por uma boa gramática, melhor conseguiremos comunicar conceitos particulares aos outros. Isto é, de certo modo, também verdadeiro para o papel da doutrina em relação à fé. Devemos pelo menos ter um conhecimento básico da "gramática" da linguagem da fé, se quisermos fazer sentido ao falar sobre o conteúdo do que acreditamos.

Se temos fé em Deus – se confiamos nele e queremos nos conectar com Ele – naturalmente também queremos saber mais sobre Ele e sobre suas expectativas para nós. A dimensão *quem* (confiamos em Alguém) sempre deve vir primeiro, mas também deve existir *o que* e *o como* em nossa religião, ou seja, as dimensões de *saber* e de *usar* esse conhecimento.

As doutrinas são, geralmente, uma tentativa de traduzir a Verdade para a linguagem humana. Isso impõe muitas limitações, mesmo que o Espírito Santo seja reconhecido como um importante agente no processo. Pois, sempre permanecerá impossível expressar adequadamente conceitos divinos em categorias, símbolos e linguagem humanos. Jamais devemos perder de vista esse fato de importância vital. No entanto, com o devido reconhecimento da humanidade de nossas doutrinas, elas continuam essenciais para dar estrutura a qualquer expressão de nossa fé.

TUDO É IGUALMENTE IMPORTANTE?

Nem todas as coisas na vida são igualmente importantes. Muitas vezes dizemos: "O principal é ser saudável!" A saúde geralmente é vista como mais importante do que o *status* social. E, felizmente, a maioria das pessoas classifica família e amigos como mais importante do que todo tipo de coisas materiais. A vida torna-se muito miserável se não se sabe diferenciar entre coisas que são realmente importantes e as que têm menor prioridade. O mesmo se aplica à esfera da igreja e da vida espiritual. As organizações religiosas "mais altas" (na Igreja Adventista: Associação Geral, Divisões, Uniões, Associações) certamente têm um papel importante a desempenhar na vida da igreja, mas a igreja local é o lugar onde "o pneu toca a estrada". Do mesmo modo, é importante uma boa compreensão das questões teológicas, mas um vínculo estreito com Deus e uma fé que nos mantenha em nosso cotidiano são muito mais essenciais. Portanto, também é natural perguntar se todas as doutrinas cristãs são igualmente importantes e se todas as crenças fundamentais da nossa igreja são "fundamentais" ao mesmo grau.

Muitas vezes, ouço as pessoas dizerem: se algo faz parte da Verdade, não podemos dizer que é relativamente sem importância ou menos importante do que qualquer outra coisa. A verdade é a verdade! Quem somos nós para dizer que uma verdade particular não é tão importante quanto outro aspecto da verdade? Porém, vamos ser honestos; não é assim que as coisas realmente são. Na sua maioria (na verdade, eu acho que todos), os adventistas sentem intuitivamente que alguns pontos em particular definem sua religião adventista, enquanto outros pontos não se enquadram na mesma categoria. Por exemplo, para todos nós, o sábado é (espero) mais importante do que a nossa abstenção de carne de porco.

Em 20 de maio de 2004, Albert Mohler Jr, presidente do Seminário Teológico Batista do Sul, em Louisville, Kentucky, publicou um artigo em seu site intitulado "Um chamado para a triagem teológica e a maturidade cristã".[1] A palavra *triage* vem

---

1. Albert Mohler, "A Call for Theological Triage and Christian Maturity". http://www.albertmohler.com/commentary_read.php?cdate=2004-05-20.

da palavra francesa "para classificar" e é usada principalmente na esfera médica. Em tempos de guerra, ou quando ocorre uma catástrofe, deve ser determinado quem precisa de cuidados médicos prioritários. Nem todas as feridas são ameaçadoras à vida, enquanto algumas são fatais se não forem tratadas imediatamente. De forma semelhante, argumenta Mohler, os cristãos devem determinar "uma escala de urgência teológica", ou seja, devem classificar as doutrinas em sua ordem de importância. Ele sugere que existam "questões teológicas de primeiro nível" que incluem doutrinas que são "centrais e essenciais para a fé cristã". Aqueles que negam essas doutrinas deveriam deixar de ser cristãos. Então, diz ele, há questões doutrinárias de segundo grau. Elas também são importantes, mas de uma maneira diferente. São as que marcam os cristãos como pertencentes a determinada denominação. Uma negação total dessas doutrinas tornaria difícil, pelo menos, permanecer dentro da comunidade de fé que vê essas doutrinas como verdadeiramente distintivas e como parte essencial de sua identidade. Em terceiro lugar, existem posições teológicas sobre as quais, mesmo membros de uma mesma congregação ou de uma denominação particular podem discordar, sem pôr em perigo a sua irmandade.

Mohler afirma que essa "triagem" é importante, pois isso nos ajudará a evitar lutar contra questões de terceiro nível como se fossem doutrinas de primeira ordem, enquanto que, por outro lado, também envia um forte sinal de que certas doutrinas de primeira ordem não deveriam ser tratadas como se pertencessem à segunda ou terceira ordem. Parece que isso também tem implicações significativas para a maneira como uma comunidade da igreja proclama sua mensagem – especialmente no que diz respeito à ênfase que as facetas particulares de seus ensinamentos recebem.

Mohler não foi a primeira pessoa a levantar a questão, nem será a última. A questão sobre o que são doutrinas "essenciais" ou "de primeira ordem" vem em duas formas: (1) Qual é o núcleo da fé cristã? (2) Quais são as principais doutrinas da igreja à qual pertenço? Quando você pergunta para pessoas em várias denominações, ou em diferentes congregações que fazem parte da mesma denominação, o que elas veem como principais aspectos de sua teologia denominacional, você terá muitas respostas diferentes. Isso também é verdade na Igreja Adventista do Sétimo Dia. Quando questionados sobre quais são as principais doutrinas adventistas, os membros da igreja geralmente não citam toda a lista de vinte e oito "crenças fundamentais", mas mencionam apenas algumas – e nem sempre as mesmas. Isso é verdade para "crentes nas margens", bem como para os adventistas que não compartilham as mesmas dúvidas que aqueles que estão insatisfeitos por causa de suas objeções e dúvidas.

Outro elemento importante em nossa discussão é o fato de que as doutrinas de uma tradição religiosa não são estáticas, mas tendem a mudar ao longo do tempo. Mudanças em doutrina, ou "desenvolvimento da doutrina", como muitos preferem dizer, tem sido, e é, uma característica constante da igreja cristã. Se você está questionando se isso de fato ocorre, entre numa biblioteca teológica (ou navegue na internet) e você descobrirá que foram escritos milhares de livros sobre a história da doutrina cristã e as mudanças e desenvolvimentos ocorridos. Existem diferentes teorias sobre as formas como os desenvolvimentos doutrinários ocorrem.[1] Alguns argumentam que os desenvolvimentos doutrinários posteriores apenas esclarecem os ensinamentos cristãos anteriores, enquanto outros identificam mudanças muito mais "reais".

No decorrer da história, os adventistas mudaram de opinião sobre muitas coisas. No início, o pequeno grupo de crentes que passaram pelo "grande desapontamento" de 1844 (quando Jesus, ao contrário de suas expectativas, não apareceu nas nuvens do céu), estava convencido de que "a porta da graça" tinha sido fechada. Cristo havia deixado o santuário celestial, diziam eles, e o destino eterno de todas as pessoas tinha sido selado. Esses

---

1. Veja Rolf J. Pöhler, *Continuity and Change in Christian Doctrine* (Frankfurt am Main: Peter Lang (Germany), 1999.

"adeptos da porta fechada" – Ellen G. White estava entre eles – não precisavam dizer às pessoas fora do grupo sobre suas crenças, pois isso não poderia ter qualquer efeito adicional. Desde 1844, as pessoas estavam salvas ou perdidas. No entanto, não demorou muito, antes de a maioria desses primeiros cristãos adventistas terem mudado de ideia e começarem a desenvolver um espírito de missão, percebendo que outros deveriam ser avisados sobre a "vinda" de Cristo.

Ou, para mencionar outro exemplo de mudança: no período inicial do adventismo, o papel da obediência aos mandamentos de Deus foi tão fortemente enfatizado que a verdade da salvação como presente gracioso de Deus estava escondida sob uma espessa camada de legalismo. Eu mencionei anteriormente a mudança de perspectiva em relação à doutrina da Trindade. E também mencionei que muitas das previsões específicas que foram feitas com base na compreensão adventista tradicional da profecia tiveram que ser corrigidas com o passar do tempo, como, por exemplo, as visões tradicionais sobre o Armagedom, as previsões sobre a Turquia na época da Primeira Guerra Mundial e expectativas em torno da Segunda Guerra Mundial. E assim por diante.[1]

Uma análise aprofundada das mudanças doutrinárias no curso da história adventista mostraria que tais mudanças tiveram principalmente uma característica bem particular. Os adventistas mudaram os elementos de muitos dos seus pontos de vista, mas, uma vez que a denominação se tornou firmemente estabelecida, muito pouco foi realizado para desenvolver novas doutrinas. Com o passar do tempo, ficou evidente a necessidade de mudar as ênfases na forma como expressavam suas opiniões doutrinárias, a fim de restaurar o equilíbrio e sublinhar a sua plena identidade cristã. Contudo, mesmo essa mudança de ênfase constituiu uma

---

1. Fritz Guy, *Thinking Theologically: Adventist Christianity and the Interpretation of Faith* (Berrien Springs, MI: Andrews University Press, 1999), p. 87.

mudança real, que com o tempo, teve um impacto significativo.¹ Não há dúvida de que houve mudanças nas crenças adventistas e na forma como foram expressas em suas publicações ou em outros meios. Essa mudança foi gradual e raramente assumiu a forma de uma negação repentina e direta de uma convicção que anteriormente era defendida. George Knight, um especialista em história adventista, sustenta que "a história da teologia adventista mostra uma transformação contínua".² Em outras palavras, a mudança doutrinária não é uma questão de imaginação, mas tem sido e é real.

Outro fato a notar é a insistência dos "pioneiros" adventistas (Ellen White, entre eles) sobre a natureza dinâmica da "verdade presente", que é reconhecida na possibilidade distinta de "nova luz". Em 1892, Ellen G. White escreveu:

> *"Iremos de um para outro pilar das nossas doutrinas, tentando fazer com que toda a Bíblia conforme nossas opiniões preconcebidas? ... Opiniões aceitas por muito tempo não devem ser consideradas infalíveis... Temos muitas lições a aprender,*

---

1. Entre os primeiros autores que se esforçaram ao máximo para fornecer credenciais históricas para os "novos" ensinamentos doutrinários adventistas estavam John N. Andrews e Uriah Smith, com seus livros bem aprofundados sobre o sábado (Andrews) e sobre a imortalidade condicional (Smith). Mais tarde, LeRoy E. Froom publicou sua *magnum opus*, os 4 volumes da *Prophetic Faith of our Fathers,* que tentou mostrar como os "novos" entendimentos proféticos do adventismo eram principalmente redescobertas de interpretações realizadas por muitos teólogos e líderes de igrejas nos séculos anteriores. Isto, sustentou ele, também era verdade em relação à redescoberta adventista de um número de doutrinas cristãs fundamentais, como a Trindade e a plena divindade e eternidade de Cristo, às quais ele se referia como as "verdades eternas". O livro controverso *Questões sobre Doutrina, publicdo originalmente em* 1953, oferece mais uma prova da necessidade sentida de esclarecer algumas crenças adventistas e mostrar que essas crenças, de fato, se conformavam com o dogma cristão ortodoxo. Mesmo hoje, no entanto, muitos acreditam que esse livro fez muito mais, ou seja, levou a uma real e substancial reorientação dogmática.
2. George R. Knight, *A Search for Identity: The Development of Seventh-day Adventist Beliefs* (Hagerstown, MD: Review and Herald, 2000), p. 12.

e muitas, muitas a desaprender. Unicamente Deus e o Céu são infalíveis. Os que pensam que nunca terão de desistir de um ponto de vista acariciado, jamais terão ocasião de mudar de opinião, serão decepcionados.[1]

E ela se expressou de maneira similar, tempos depois no mesmo ano:

> "Não há desculpa para alguém assumir a posição de que não há mais verdade a ser revelada, e que todas as nossas exposições das Escrituras estão isentas de erros. O fato de que certas doutrinas têm sido mantidas como verdade por muitos anos pelo nosso povo não é prova de que nossas ideias são infalíveis. A idade não transforma algo em verdade, e a verdade pode se dar ao luxo de ser clara. Nenhuma doutrina perde alguma coisa ao passar uma investigação minuciosa".[2]

Ainda hoje, a Igreja Adventista tem (pelo menos em teoria) um procedimento para estudar qualquer "nova luz" que possa emergir. Os fatos que acabamos de mencionar são importantes para se manter em mente ao discutir a questão de diferenciar entre vários níveis de importância doutrinária, e eles nos ajudam a não nos preocuparmos demais com os perigos do relativismo e do subjetivismo, assim que as pessoas comecem a fazer perguntas sobre o "núcleo" dos ensinamentos adventistas e defender algumas mudanças.

OS "PILARES" DA NOSSA FÉ

Não se pode negar que os adventistas, desde o início de seu movimento, acreditavam que certos elementos de sua mensagem eram mais proeminentes que outros. A declaração de crenças de 1872 informava ao leitor que sua intenção era destacar "as

---

1. Ellen G. White, *O Outro Poder – Conselhos aos escritores e editores* (Tatuí, SP: Casa Publicadora Brasileira, 2010), p. 36, 37.
2. Ellen G. White, *Advent Review and Sabbath Herald*, 20 December 1892.

características mais proeminentes" da fé.[1] Ellen White costuma se referir aos "pilares da verdade" e aos "marcos" de nossa fé. Embora sua aplicação desses termos fosse bastante fluida, é claro que ela não considerava todas as doutrinas como de igual importância.[2]

O fato de Ellen White e outros líderes adventistas pioneiros se diferenciarem na importância das doutrinas individuais não se baseou em uma cuidadosa análise teológica, mas foi motivada pela percepção da missão da igreja. Eles estavam convencidos de que deveriam pregar as verdades que tinham sido obscurecidas pela religião tradicional e então estavam sendo redescobertas. Viviam e trabalhavam num ambiente em que podiam assumir de forma segura que a maioria das pessoas que atraíam concordava com os ensinamentos cristãos básicos do protestantismo conservador. Isso explica por que praticamente não havia necessidade de destacar as doutrinas comuns.

A percepção de que outros elementos da mensagem cristã, que faziam parte da tradição cristã ortodoxa, não deveriam ser negligenciados, enquanto as doutrinas especificamente adventistas eram mais enfatizadas, foi se tornando cada vez mais clara à medida que a denominação se desenvolveu. Isso também é ilustrado nos escritos de Ellen G. White. À medida que ela amadurecia em seu pensamento, suas ênfases mudaram significativamente. Uma citação de 1893 pode servir como uma boa ilustração: "Cristo e seu caráter e obra, é o centro e a circunferência de toda a verdade, Ele é a corrente que une todas as joias da doutrina."[3] Essa declaração é do tipo que ela não teria feito nos primeiros anos de seu ministério.

---

1. Gary Land, *Adventism in America* (Grand Rapids, MI: Wm. B. Eerdmans, 1986), p. 231.
2. Veja Reinder Bruinsma, "Are all truths Truth? Some Thoughts on the Classification of Beliefs," p. 180, com citações de várias fontes de Ellen G. White: *Mensagens Escolhidas*, v. 2, p. 104-107; *O Outro Poder – Conselhos aos escritores e editores*, p. 29-31, *O Grande Conflito*, p. 409; veja também: *Manuscript 24*, November or December 1888, citado em: George R. Knight, *From 1888 to Apostasy: The Case of A.T. Jones* (Hagerstown, MD: Review and Herald, 1987), p. 40.
3. Eric Claude Webster, *Crosscurrents in Adventist Theology* (Berrien Springs, MI: Andrews University Press, 1984), p. 150.

A ideia de que talvez nem todas as vinte e oito Crenças Fundamentais tenham igual peso parece ser confirmada pelo fato de que o voto batismal tem apenas 13 perguntas, as quais não abordam todas as Crenças Fundamentais. Esse voto reflete exatamente o que se considera a declaração de compromisso. Curiosamente, um "voto alternativo", muito mais curto também é considerado aceitável. Este voto alternativo contém uma referência aos "ensinamentos da Bíblia, conforme expressos na Declaração de Crenças Fundamentais", enquanto que no voto regular nenhuma referência é considerada necessária, mesmo que não seja tão completo quanto o texto integral dos vinte e oito fundamentos básicos.[1] A lista a que os candidatos batismais dão o seu consentimento talvez seja considerada mais "fundamental" do que "as vinte e oito"?

As opiniões dos membros da igreja sobre a declaração de Crenças Fundamentais variam amplamente. Pode-se encontrar membros da igreja que possuem uma visão muito apurada das Crenças Fundamentais e consideram cada linha, ou mesmo cada palavra, como "meio" inspirada. É uma atitude que chega ao limite do que se poderia chamar de "fundamentolatria".[2] Por outro lado, há, acredito, um sentimento generalizado de que a afirmação das Crenças Fundamentais é muito detalhada e estranhamente mistura padrões de estilo de vida com questões doutrinárias.[3]

Se é uma premissa válida de que algumas doutrinas são mais importantes do que outras, como podemos ir além das nossas preferências individuais quando tentamos fazer nossa "triagem"? Podemos estabelecer critérios sólidos pelos quais definir uma "hierarquia" de doutrinas na teologia adventista?

Seja qual for o modelo que desenvolvamos, um fato subjacente

---

1. Veja *Church Manual*, 2015, p. 45, 46.
2. Um neologismo inspirado pelo termo *bibliolatria* que se refere à adoração das Escrituras.
3. Bryan W. Ball, "Towards an Authentic Adventist Identity," in: B. Schantz and R. Bruinsma, eds., *Exploring the Frontiers of Faith – Festschrift for Jan Paulsen* (Lüneburg, Germany: Saatkorn Verlag, 2009), p. 67.

é claramente fornecido pelas Escrituras em uma declaração do próprio Cristo. Lemos em João 14:6 que *Cristo declarou que Ele é a Verdade*, isto é, que toda a Verdade irradia dele. Toda doutrina que afirma ser "verdade" deve, portanto, se relacionar com a pessoa e obra de Jesus Cristo. *Cristo é o centro e Ele deve ser o alicerce de qualquer "sistema" verdadeiramente cristão de verdades "fundamentais".* É isso que o evangelho apresenta – as "boas novas". "É o poder de Deus para a salvação de todos os que creem" (Romanos 1:16). "A salvação não se encontra em ninguém", mas em Cristo (Atos 4:12). A aceitação ou negação dessa verdade "fundamental" determina se alguém está ou não com Deus. Podemos citar outra palavra dos próprios lábios de Cristo que confirma isso: "Quem crê no Filho tem a vida eterna. Porém quem rejeitar o Filho não verá a vida, porque a ira de Deus permanece nele" (João 3:36). O "conhecimento de nosso Senhor Jesus Cristo" é crucial, e os crentes devem garantir que não seja "ineficaz e improdutivo" (2 Pedro 1:8). João usa linguagem ainda mais contundente: Todo aquele que nega que Jesus é o Cristo deve ser rotulado de "anticristo" (1 João 2:22). George Knight ressalta a importância desse ponto de partida ao afirmar que "um relacionamento com Jesus e uma compreensão da cruz de Cristo e outros elementos centrais do plano de salvação demonstra o quanto uma pessoa compreende da doutrina."[1] Tendo concluído esse ponto crucial, como prosseguimos?

DUAS, TRÊS, QUATRO CAMADAS?

A primeira pergunta da qual o livro *Questões sobre Doutrina* trata é: "Que doutrinas os adventistas do sétimo dia mantêm em comum com os cristãos em geral, e em que aspectos diferem do pensamento cristão?" A resposta é que existem três categorias distintas de doutrinas:
- doutrinas adventistas "em comum com os cristãos conservadores e os credos protestantes históricos";

---

1. George R. Knight, "Twenty-seven Fundamentals in Search of a Theology," *Ministry*, February 2001), p. 5-7.

- "doutrinas controvertidas que compartilhamos com alguns, mas não com todos os cristãos conservadores"; e
- "algumas poucas doutrinas distintivas conosco".[1]

O número total de doutrinas listadas nessas três categorias é trinta e seis. Isso nos lembra de Albert Mohler, a quem apresentamos anteriormente neste capítulo, e que, também, sugeriu três diferentes camadas de doutrinas. Outros autores sugeriram uma abordagem similar de duas ou três camadas de doutrinas.[2]

Esse tipo de classificação pode ser útil para esclarecer o que é, e o que não é, exclusivo para a comunidade à qual se confessa pertencer, mas não nos oferece ajuda específica para determinar quais doutrinas adventistas são mais fundamentais que outras. A adaptação oferecida por Woodrow Whidden pode ser útil para dar um passo à frente.[3] Ele sugere que devemos distinguir entre doutrinas que refletem a herança cristã ortodoxa comum e aquelas que são "adventistas". Além disso, sugere que há doutrinas adventistas que podem ser chamadas de "essenciais". Também indica que algumas doutrinas adventistas podem ser consideradas como "não essenciais".[4] George Knight, ao contrário de Whidden, é de opinião que os problemas do estilo de vida também devem ser encaixados em algum lugar nessa classificação da verdade.[5]

Gostaria de propor um modelo em que esses vários elementos sejam combinados. Claro que não estou sugerindo que seja essa a última palavra sobre o assunto, mas isso me ajudou a ter uma ideia mais clara sobre a questão do que é mais e o que é menos

---

1. George R. Knight, ed., *Questões sobre Doutrina* (Tatuí, SP: Casa Publicadora Brasileira, 2009), p. 50-52.
2. Consulte e.g. Robert C. Greer em seu livro amplamente aclamado *Mapping Postmodernism: A Survey of Christian Options* (Downers Grove. IL: InterVarsity Press, 2003), p. 172.
3. Woodrow II Whidden, *Ellen White on the Humanity of Christ* (Hagerstown, MD: Review and Herald, 1997), p. 77-88.
4. Ibid, p. 80.
5. George R. Knight, "Twenty-seven Fundamentals in Search of a Theology," p. 5-7.

importante para minha jornada espiritual. Graficamente, pareceria com alguns círculos:

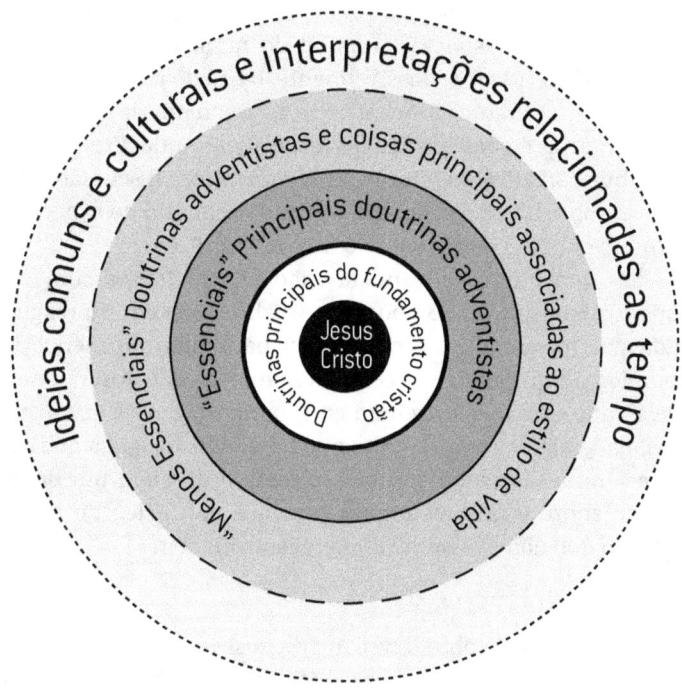

Permita-me imaginar alguns exemplos de doutrinas e pontos de vista para cada categoria.

Na categoria (1), eu colocaria, por exemplo: Deus, como Trindade; o Deus trino como Criador e Sustentador do Universo; salvação, vida eterna e juízo através de Jesus Cristo; a presença ativa do Espírito Santo; a inspiração das Escrituras; um código moral revelado; os principais elementos do processo de salvação; e um chamado para pregar o evangelho.

Na categoria (2), estariam vários "fundamentos" adventistas, como o sábado, o "breve" retorno de Cristo, o batismo por imersão, a importância da Ceia do Senhor, a crença no ministério sumo sacerdotal de Cristo, o chamado do homem para ser mordomo, a morte como uma espécie de "sono" inconsciente e a continuação dos dons espirituais.

A categoria (3) seria, na minha opinião, o lugar de coisas como a filosofia adventista de interpretação profética, dízimo, instruções dietéticas, o aspecto temporal do ministério sumo sacerdotal de Cristo (1844) e, possivelmente, o rito do lava-pés.

No último círculo concêntrico (4), eu tenderia a localizar certas interpretações proféticas específicas, questões controversas que cercam a inspiração de Ellen White, a discussão interminável sobre o que é permitido ou não permitido no sábado, os estilos de culto, as regras sobre o uso de "joias", etc.

Acho que muitos adventistas não ficarão felizes com esse modelo. Alguns talvez se oponham totalmente a ele, ou reagirão ainda mais fortemente. Reconheço, em particular, que mencionar exemplos do que pode ser colocado em cada categoria pode se revelar um exercício extremamente perigoso em vista do meu papel na igreja. Porém, acredito que há muitos na igreja que acolheriam uma discussão sobre esse tema e desejam um debate honesto sobre o que realmente pertence ao núcleo do adventismo e o que não é "essencial" da mesma maneira.

ALGUMAS IMPLICAÇÕES

Em uma discussão sobre o ranking de nossas doutrinas, acredito que algumas coisas devem ser mantidas em mente. Em primeiro lugar, quero reafirmar que todas as declarações doutrinárias devem de alguma forma se relacionar claramente com o Centro, Jesus Cristo. A *verdade doutrinária* só se torna a Verdade quando está relacionada com a Pessoa e a Obra de nosso Senhor Jesus Cristo.

Em segundo lugar, as linhas entre as categorias nem sempre serão totalmente claras. Por essa razão, coloquei algumas linhas pontilhadas. A questão crucial é: podemos apontar para algumas doutrinas-chave que, sem dúvida, pertencem solidamente a cada categoria? Os "que se situam nas margens" estão especialmente interessados em uma resposta convincente a essa pergunta. Eu sugeriria que, se houvesse um "núcleo" de crenças, essas doutrinas deveriam fazer parte das duas primeiras categorias.

Em terceiro lugar, separei muito intencionalmente as doutrinas cristãs fundamentais das doutrinas "essenciais" adventistas, embora estejam de diversas formas inter-relacionadas. Por exemplo, não é útil comparar o peso relativo do sábado com o da doutrina da Trindade, e depois perguntar qual dos dois é mais importante. Em muitos aspectos, seria uma questão de comparar maçãs com peras. A identidade Adventista do Sétimo Dia é determinada por um compromisso firme com ambas as categorias doutrinárias. O fato de sermos *cristãos* em primeiro lugar, e, como cristãos, também escolhermos ser *adventistas*, nos torna *cristãos adventistas*.[1] Dar atenção primordial aos elementos cristãos fundamentais será um lembrete constante de que, nos nossos dias e anos, não podemos dar por certo que as pessoas já tenham conhecimento dessas doutrinas quando começam a conhecer e considerar a versão *adventista do cristianismo*.

Em quarto lugar, o rótulo "menos essencial" significa exatamente isso. Não deve ser entendido como "sem importância". É certo que qualquer processo de classificação da doutrina é um empreendimento subjetivo. Podem ser cometidos erros. Porém, não é *totalmente* subjetivo e não é necessariamente uma receita certa para o desastre. Há orientação através da Palavra inspirada e através do Espírito vivo. Além disso, precisamos lembrar que, enquanto somos humanos imperfeitos, toda atividade teológica permanecerá subjetiva e, de certo modo, arriscada. Contudo, não é algo que devemos considerar tão perigoso e que conduza a uma "inclinação traiçoeira" de fugir completamente de fazer alguma coisa. Em qualquer caso, usar o argumento da "inclinação traiçoeira" geralmente é um sinal de fraqueza ou é pretexto, e não um princípio e pensamento claro.

Em quinto lugar, os adventistas levaram mais de um século para chegar ao resumo atual das Crenças Fundamentais. Os desenvolvimentos doutrinários levam tempo. Portanto, não é de se esperar que chegar a um consenso sobre o que constitui o núcleo das crenças adventistas, pode acontecer da noite para o dia. Isso exigirá paciência... e tolerância!

---

1. Bryan W. Ball, op. cit., p. 58.

Em sexto lugar, estou firmemente convencido de que, quando houver qualquer nova revisão das Crenças Fundamentais, o documento não deve ser ampliado e tornar-se ainda mais detalhado, mas deveria ser encurtado. Gostaria de receber um novo texto que se limite a doutrinas que são "cristãs básicas" e "adventistas essenciais". Neste contexto, as palavras de Robert Greer merecem ser citadas:

... declarações doutrinárias... não devem ser muito abrangentes. Quando uma declaração doutrinária é muito abrangente, (a) corre o risco de tornar-se perigosamente sedutora, uma vez que oferece uma finalidade do pensamento cristão que, para algumas pessoas, é atraente e reconfortante; (b) elimina a necessidade de pensar criticamente; (c) emudece o Espírito Santo, que pode querer falar de novo da Escritura para um determinado indivíduo ou comunidade; e (d) gera triunfalismo, o que desencoraja em vez de encorajar reflexões teológicas dentro dos limites confessionais ou eclesiásticos.[1]

LIBERAL OU CONSERVADOR?

Quase inevitavelmente, os rótulos de "liberalismo e conservadorismo" aparecem em uma discussão sobre o "peso" de doutrinas particulares. Há rótulos que ainda soam pior, como "esquerda" e "direita". Sugiro que sejam completamente evitadas essas palavras, uma vez que são imprecisas e tendem a vir carregadas de preconceito ou condenação. Ser chamado de "liberal" tem prejudicado a carreira de muitos pastores e professores de teologia, ou pior. Por outro lado, ser conhecido como "conservador" tem fechado algumas portas (e púlpitos) para outros. Alguns protestam quando são chamados de "liberais", enquanto outros ficam orgulhosos com sua reputação de "esquerda". Alguns alunos, que desejam se tornar pastores, escolherão intencionalmente uma faculdade ou universidade com professores de teologia que são conhecidos por ser conservadores, enquanto que para outros, isso é um forte incentivo para evitar tal faculdade.

---

1. Robert C. Greer, op. cit., p. 174.

O que a Bíblia diz sobre nossa relação com os outros tem uma influência direta sobre a desafortunada polarização entre liberais e conservadores. Devemos amar o nosso "próximo" como a nós mesmos – para alguém que é conservador, que definitivamente deve incluir também os seus semelhantes cristãos, e para alguém que pertence à "ala esquerda" da igreja deve incluir aqueles que estão na "direita". Infelizmente, os liberais e os conservadores muitas vezes têm dificuldade de se relacionar de forma agradável e construtiva, e dificilmente se ouvem (e isso é verdade para ambas as partes). Além disso, em muitos casos, as pessoas não conseguem ver que a imagem geralmente não é tão simples quanto eles imaginam, porque as pessoas raramente são totalmente liberais ou totalmente conservadoras. Elas podem ser liberais em relação a alguns problemas, mas surpreendentemente conservadoras em relação a muitas outras coisas. Podemos encontrar pessoas que são muito liberais em sua teologia, mas bastante conservadoras em seu estilo de vida e vice-versa. Tenho conversado com vários jovens que se apegam febrilmente ao adventismo tradicional no que diz respeito aos ensinamentos da igreja, mas depois me dizem que estão felizes em morar junto com sua namorada!

Alden Thompson, professor adventista de teologia na Walla Walla University (Walla Walla, estado de Washington, EUA), aponta para três nuances diferentes em relação a liberais e conservadores. O que ele diz não explica tudo, mas definitivamente me afeta. *Os liberais, diz Thompson, amam perguntas, enquanto os conservadores querem respostas.* Quando se trata de estilo de vida, pode-se dizer que os conservadores adoram o isolamento das colinas, enquanto os liberais correm para a cidade para estar com as pessoas. Os conservadores experimentam Deus como uma presença poderosa, enquanto que para os liberais Deus tende a ser uma realidade mais distante.[1]

O estudioso adventista Fritz Guy tenta resumir suas opiniões sobre o conservadorismo e o liberalismo nestas palavras:

---

1. Alden Thompson, *Beyond Common Ground: Why Liberals and Conservatives Need Each Other* (Nampa, ID: Pacific Press, 2009), p. 121.

"Os conservadores estão preocupados sobretudo em manter as verdades que já possuímos, incorporadas em um esquema no qual aprendemos a confiar; e, por outro lado, os liberais querem buscar novas verdades ou novas interpretações de velhas verdades."[1] Bem, se essa é uma definição correta de ser liberal, aceito com orgulho esse rótulo como título honorário. No entanto, poderia argumentar-se que o termo "progressista" deve ser preferido à qualificação de ser um "liberal". O professor Guy sugere que a maioria de nós realmente tende a ser "liberal" ou "conservador", mas que podemos tornar-nos "progressistas" se aprendermos uns com os outros, escutarmos mais atentamente uns aos outros e tentarmos crescer juntos.[2]

FUNDAMENTALISMO

Existe outro par de palavras, provavelmente tão significativo quando discutimos a diversidade na opinião doutrinal, a saber, o *fundamentalismo* versus o *relativismo*. A fé cristã torna-se sem sentido se apoiarmos o relativismo total – quando nada é certo e nenhum valor ou ideal merece nossa total lealdade. Como argumentamos anteriormente, não temos "provas" definitivas para a existência do Deus que conhecemos na Bíblia e que Se revelou em Jesus Cristo. No entanto, temos evidências suficientes para assumir o "salto" de fé e para aceitar as implicações dessa fé. Também nos referimos aos aspectos negativos do fundamentalismo. Neste ponto da nossa discussão, quero realçá-los novamente, uma vez que o conservadorismo adventista tende (pelo menos) a flertar com o fundamentalismo.

O fundamentalismo – seja religioso ou secular – é inspirado mais pela dúvida do que pela confiança, mais pelo medo do que pela fé ou convicção estabelecida.[3] Essa afirmação foi feita por

---

1. Fritz Guy, op. cit., p. 27.
2. Ibid., p. 29.
3. James Davison Hunter, "Fundamentalism and Relativism Together: Reflections on Genealogy", p. 17-34, em: Peter L. Berger, ed. *Between Relativism and Fundamentalism: Religious Resources for a Middle Position* (Grand Rapids, MI: Wm. B. Eerdmans, 2010), p. 34.

James Davison Hunter (1955), um sociólogo americano proeminente que contribuiu muito para a popularização do termo "guerras culturais". Hunter argumenta que o fundamentalismo é principalmente negativo. *Pois rejeita o que considera perigoso e reage principalmente a ameaças.*[1] Para o fundamentalista, é muito mais fácil alvejar inimigos fora da tradição do que buscar respostas dentro. ... Não oferece propostas construtivas para os problemas cotidianos que afligem a maioria das pessoas e não fornece soluções vitais para os problemas do pluralismo e das mudanças. Na verdade, faz exatamente o contrário, cria problemas.[2]

Essas são palavras para lembrar quando pensamos nos debates atuais na Igreja Adventista. Os tradicionalistas (ou fundamentalistas, conservadores, os da "ala direita", ou quaisquer termos que possam ser usados) tendem a ser reativos, estar sempre em defesa, constantemente advertindo contra os perigos que eles veem ou imaginam. Eles não gostam de ouvir muitas perguntas, muito menos dos "crentes às margens", e afirmam já ter todas as respostas.

QUEM SÃO OS "VERDADEIROS" ADVENTISTAS?

A resposta oficial à pergunta sobre quem pode de fato ser considerado adventista deveria ser: aqueles que afirmam todas as 28 Crenças Fundamentais. Porém, se essa resposta fosse correta, excluiria a maioria, ou todos, os que estão insatisfeitos com sua vida ou com a igreja (frequentemente chamados nestas páginas de "crentes às margens"). De fato, se é necessário concordar total e minuciosamente com todos os detalhes dessas crenças, na forma como estão atualmente colocadas, eu teria que dizer que não sou um verdadeiro adventista. E isso deveria me fazer perder o sono? Não, não deveria.

Não preciso me preocupar indevidamente com a minha adesão na Igreja Adventista do Sétimo Dia. Se os líderes da

---

1. Ibid., p. 32.
2. Ibid., p. 33.

Associação Geral concluírem que tenho muitas ideias heréticas para me chamar de adventista genuíno, ou mesmo que a liderança da União dos Países Baixos tenha sérios problemas com algumas das coisas que estou dizendo ou escrevendo, eles podem pleitear para que eu mude minhas opiniões, ou podem decidir não me convidar mais para pregar ou participar de certas reuniões. Eles também podem se recusar a endossar e promover quaisquer outras publicações que eu ainda possa escrever no futuro. Eles podem decidir orar por mim, ou até mesmo torcer suas mãos em desespero. Eles podem ser capazes de fazer tudo isso, mas eles não podem tocar no meu *status* de membro da igreja.

Somente minha igreja local pode votar para me aceitar como membro ou para me excluir. No entanto, não é muito provável que eles revisem minha situação de membro em breve, a menos que de repente eu comece a mostrar um comportamento imoral extremo ou se tornar perturbador nos serviços de adoração. Portanto, os "crentes às margens" podem ficar à vontade. Enquanto sua igreja local, onde eles se mantêm como membros, concordar em manter seu nome nos registros, eles continuarão membros regulares da Igreja. Além disso, a maioria das igrejas locais são muito relutantes em romper os laços com as pessoas – mesmo com aquelas "nas margens" – desde que não peçam através de documento assinado que desejam a desfiliação. (E, ainda assim, às vezes não é tão fácil tirar o seu nome dos livros!)

Porém não vamos apenas olhar para isso de um ângulo administrativo, como se a participação na igreja fosse apenas uma questão de ter o nome em uma lista de membros. Nem todos se qualificam para estar nessa lista. Se alguém quer ser considerado como um "cristão", deve, acredito, aceitar uma série de princípios cristãos básicos. Parece-me que um indivíduo perde o direito de se chamar cristão se ele não mais acredita em Deus e em Jesus Cristo como alguém que desempenha um papel decisivo na relação entre Deus e a humanidade. Da mesma forma, acredito que devo compartilhar algumas convicções adventistas importantes com meus companheiros crentes adventistas se eu quiser me considerar Adventista do Sétimo Dia. Neste ponto, é importante ter uma ideia clara do que é realmente "essencial" e "menos essencial" em nossos ensinamentos adventistas.

Ser um adventista verdadeiro é, em última análise, algo que eu decido. Eu sou aquele que deve determinar se eu aceito os fundamentos da fé cristã e se tenho afinidade suficiente com a interpretação adventista da fé cristã e com a comunidade de fé adventista, para me apresentar como um genuíno adventista. Nessa base, não hesito em me considerar um verdadeiro adventista. E acredito que isso seja verdade para a maioria dos membros da igreja, incluindo aqueles que se veem como "crentes à margem".

Concordo de todo o coração com o professor Fritz Guy – o teólogo que mencionei anteriormente – quando ele listou alguns aspectos necessários do adventismo autêntico.[1] Ele encabeça sua pequena lista com "ter um espírito de abertura para com a verdade". Isso significa que um adventista genuíno nunca acredita que possua toda a "verdade". Como os primeiros líderes adventistas, um verdadeiro adventista deve estar disposto a mudar de opinião quando necessário, continuar aprendendo e crescendo em sua compreensão sobre o que significa ser um cristão adventista no mundo de hoje (e não o que significou no século 19).

Nós somos genuínos adventistas, afirma Guy, se somos cristãos que têm "o amor abrangente e universal de Deus como o centro da nossa existência pessoal". Para ser digno do nome de Adventista do Sétimo Dia, devemos apreciar a "importância contemporânea do sábado" e ter "a antecipação esperançosa do reaparecimento de Deus na pessoa de Jesus, o Messias". Dois outros elementos importantes citados por Guy são "a ideia da totalidade humana multidimensional" e "a escolha da comunidade adventista como um lar espiritual, com a adoção do passado adventista como parte da própria identidade espiritual".

Muitos "crentes às margens" ficariam confortáveis com a descrição de Guy de um adventista autêntico. Eu consideraria aqueles que se encaixam na descrição de Guy como "verdadeiros"

---

1. Fritz Guy, op. cit., p. 92.

adventistas, independentemente das muitas dúvidas que possam ter. E desafiaria a mim mesmo e a todos aqueles que leram este capítulo: *Deixe-nos ousar ser, e permanecer, parte da comunidade de fé adventista, enquanto pensamos de forma independente e sem comprometer nossa integridade pessoal.*

CAPÍTULO 10

Lidando com nossas dúvidas

Neste último capítulo, tentarei juntar as coisas. Começamos nossa discussão neste livro através do levantamento do estado da igreja cristã no mundo ocidental. Concluímos que a igreja está em crise e também vimos como milhões de homens e mulheres no Ocidente estão enfrentando uma crise em sua fé. Muitos duvidam da existência de um Deus Todo-Poderoso e amoroso. Para um grande grupo, essa dúvida também afeta uma série de outras coisas nas quais eles acreditavam. Essas pessoas percebem que alguns ensinamentos tradicionais importantes de sua igreja já não encontram um eco em seu coração. Concentramo-nos em particular na Igreja Adventista do Sétimo Dia. Observamos que um grande número de pessoas deixou a igreja, e que muitas outras estão perto de sair. Elas veem tendências em sua igreja com as quais não conseguem conviver e se perguntam se algumas das doutrinas tradicionais da igreja ainda são relevantes para a vida cotidiana. Eu me refiro a esse grande grupo de pessoas, descontentes com a igreja e que têm muitas dúvidas quanto ao conteúdo de sua fé, como "crentes às margens".

Na segunda parte deste livro, tentei encorajar todos aqueles que estão "às margens" a dar um (novo) salto de fé. Compartilhei minha convicção de que, mesmo que possamos não ter uma prova absoluta de que Deus existe e cuida de nós, temos motivos suficientes para a "aposta" de dar esse "salto". Tentei encorajá-lo a não desistir da igreja, e se concentrar em uma congregação local, na qual você possa ser você mesmo, e permanecer como parte dela, ou então para retornar a ela. No capítulo anterior, comecei a sugerir uma maneira de lidar com dúvidas doutrinárias. Argumentei que ser um adventista "real" não exige que digamos servilmente "sim e amém" a todas as crenças fundamentais da nossa igreja. Sei que esse ponto de vista poderá ser fortemente criticado por muitos líderes da igreja, bem como por muitos membros. Porém, estou convencido de que cria espaço no coração e na mente de muitos insatisfeitos, que se sentem sufocados pela rigidez de algumas das doutrinas tradicionais, que já não se relacionam de forma significativa com seu dia a dia.

É aqui que chegamos ao tópico deste capítulo final. Não vamos discutir as doutrinas individuais em detalhes, mas analisaremos algumas abordagens mais gerais que podem ser úteis para lidar com nossas dúvidas e incertezas. Não sou ingênuo e não acho que todas as dúvidas se dissiparão de repente se lermos mais diligentemente nossa Bíblia e orarmos com mais intensidade do que antes. Isso não quer dizer que esses dois aspectos não são essenciais. Eles são, de fato, de suprema importância quando tentamos lidar de forma construtiva com nossas dúvidas.

UMA ABORDAGEM ESPIRITUAL

Se tivermos dúvidas sobre o tipo e a cor do carro que compraremos, ou se seguiremos ou não uma estratégia específica no funcionamento do nosso negócio, pode haver alguns fatores não racionais, ou mesmo emocionais, envolvidos. Esse tipo de dúvida, no entanto, deve ser tratado basicamente através de argumentos racionais. Qual o modelo do carro que posso pagar? Qual a cor que eu gosto, ou agradaria o meu parceiro e qual seria o melhor da perspectiva da segurança? Será que terei de tomar um grande empréstimo no banco para expandir os negócios, ou isso será muito arriscado em vista do clima econômico atual e da concorrência feroz que enfrento?

Ao lidar com nossas dúvidas no domínio espiritual, não podemos mudar nosso cérebro para neutro e simplesmente seguir nossas emoções e sentimentos. Contudo nossas intuições, nossos sentimentos e emoções desempenharão um papel importante. Só podemos esperar poder controlar nossas dúvidas se nos deixarmos ser tocados pelo Espírito. Nossa abordagem às nossas dúvidas talvez seja melhor resumida ao listar cinco aspectos: (1) ler; (2) pensar; (3) orar; (4) conversar com outros e (5) ter paciência. Quando iniciamos nesse caminho, devemos começar com o que chamamos de "salto de fé". Isso pode parecer ingênuo, mas é a única opção. Devemos estar dispostos a deixar-nos atrair à esfera da fé. Devemos "tentar acreditar", como Nathan Brown nos disse em seu pequeno livro com esse título (ao qual me referi no Capítulo 2). Se tenho um grave problema de saúde e, depois de tentar encontrar, por muito tempo, o remédio certo, posso dar um "salto de fé" e ir até um médico que pratique a medicina alternativa e tomar a medicação que ele prescreve – apesar de eu não ter certeza de que isso vai ajudar. Esse tipo de comparação é, obviamente, insuficiente, mas acredito que nos diga algo. Vale a pena tentar tudo, quando estamos em um dilema. Portanto, leia a Bíblia, ore e vá à igreja – mesmo que ainda não tenha certeza de que isso lhe proporcionará respostas definitivas e lhe dará o tipo de descanso interior e a certeza que você está procurando.

LENDO A BÍBLIA

Os adventistas gostam de falar (ou mesmo se vangloriar) sobre seu conhecimento da Bíblia. Os novos membros geralmente passam por um processo de "estudos" da Bíblia para se familiarizarem com a "verdade". Temos nosso plano de estudo da Bíblia na chamada Escola Sabatina. O adventismo tomou emprestado o modelo de Escola Dominical de outras denominações e o adaptou às suas necessidades específicas. A instituição da Escola Sabatina certamente ajudou no fortalecimento da alfabetização bíblica entre os membros da igreja. Entretanto, cada vez mais adventistas começam a perceber que esse tipo de "estudo" da Bíblia muitas vezes deixa muito a desejar. A maioria dos "guias de estudo" trimestrais são de natureza tópica. Um tema específico é selecionado e, em seguida, dividido em treze subtemas. O autor do guia de estudo seleciona uma série de textos bíblicos que ele sente dizer algo sobre esses temas, juntamente com algumas citações (geralmente de Ellen G. White) e alguns outros comentários explicativos. Muitas vezes, os textos da Bíblia são reunidos sem muito respeito pelo contexto. O estudo semanal da lição da Escola Sabatina mostra que o método tradicional de prova-texto ainda está muito vivo. E mesmo quando, durante um trimestre, determinado livro da Bíblia é estudado, relativamente pouca atenção tende a ser dada a seus antecedentes, contexto e teologia particular.

Cheguei à conclusão de que devemos parar de estudar a Bíblia e começar a ler a Bíblia – como uma história que queremos seguir desde o início até o fim. Quando lemos um romance e aproveitamos o enredo, não vamos selecionar um parágrafo aqui e ali e combinar pedaços e peças em um tipo de ordem aleatória. Se lemos um bom livro, queremos seguir o enredo inteiro e estamos ansiosos para saber como ele termina. De certa forma, isso também se aplica à Bíblia. É a história de Deus sobre Sua interação conosco e com o mundo. Fazemos bem em lê-la do começo ao fim. Talvez possamos ignorar algumas páginas (por exemplo, as longas genealogias) aqui e ali (como às vezes também fazemos com livros comuns), mas queremos seguir a linha da história. E o mesmo é verdade para as partes separadas da Bíblia a que geralmente nos referimos como os "livros da Bíblia". Só obteremos todo o benefício de nossa leitura se lermos esses livros na íntegra. E alguns são curtos o suficiente para serem lidos de uma vez.

Quando usamos esse método, podemos achar que certos textos bem conhecidos realmente não dizem o que sempre pensávamos que diziam. Quando lidos fora de seu contexto, podemos chegar a uma conclusão que não é justificada quando também lemos o que precede e segue o texto. Mesmo que não entendamos muito do que encontramos, ainda nos beneficiaremos da leitura ao focar na mensagem geral da Bíblia ou numa parte dela. Consultar livros sobre a Bíblia, como um bom comentário, certamente é útil, mas não pode substituir a leitura da própria Bíblia. Infelizmente, muitos cristãos leem mais sobre a Bíblia do que a própria Bíblia.

CONTANDO AS BATATAS

A Bíblia contém muitas histórias incomuns, mas não devemos nos preocupar demais com essa "estranheza". Talvez devêssemos esperar exatamente isso em histórias que são lidas e relidas há muitas gerações e ainda se mostram atuais.[1] Ao lê-las, "sempre temos a impressão de que há uma história maior por detrás das muitas histórias menores".[2] Nathan Brown desafia os "crentes que estão às margens" a não se concentrarem muito na historicidade das histórias bíblicas – a perene pergunta se os eventos da Bíblia realmente aconteceram ou não da exata maneira como foram gravadas e transmitidas. Ele sugere que, por enquanto, "suspendamos nossa incredulidade" e nos envolvamos com as histórias bíblicas, como faríamos com um bom romance ou filme. "Escolha não se distrair com as preocupações quanto a: se a história é verdadeira, se pode ser verificada, se as conclusões científicas contemporâneas podem aceitar ou não tal relato. Em vez disso, comece a ler as histórias da Bíblia para descobrir a bondade, beleza, sabedoria e verdade que oferecem em si mesmas, como histórias."[3]

Os adventistas do sétimo dia afirmam o quão importante é "estudar" o livro do Apocalipse. Para a maioria, isso geralmente significa lê-lo por etapas, texto por texto ou parágrafo por parágrafo e consultar um ou mais dos comentários adventistas que foram escritos para nos ajudar a entender os símbolos incomuns e a aplicar o conteúdo das profecias de João aos eventos históricos no passado, presente e futuro. Fiquei cada vez mais convencido, ao longo dos meus anos de experiência, de que essa não é a abordagem mais frutífera – e certamente não quando alguém lê o Apocalipse pela primeira vez.

Ocasionalmente, faço algumas apresentações sobre o Apocalipse e, atualmente, costumo começar com um slide de uma pintura de Vincent van Gogh (1853-1890) – um famoso

---

1. Nathan Brown, op. cit., p. 38.
2. Ibid. p. 41.
3. Ibid.

pintor impressionista holandês. Peço ao meu público que olhe atentamente para essa pintura dos "Comedores de batatas". É uma cena escura e sombria com cinco pessoas sentadas ao redor de uma mesa, com uma lâmpada de óleo que balança do teto. Eles estão comendo em um único prato de batatas. Depois que minha audiência pôde olhar a pintura por um minuto ou dois, desligo o projetor e faço-lhes algumas perguntas sobre os detalhes da pintura. Pergunto-lhes, por exemplo, quantos copos de café contaram e quantas batatas viram na tigela sobre a mesa. Geralmente, ninguém da as respostas corretas. Não é isso que chama a atenção das pessoas. "Então, o que você viu?", Pergunto-lhes. Eles geralmente dizem que viram tristeza, escuridão e, especialmente, pobreza! Essa é a mensagem central da pintura, em vez de fornecer informações sobre o número de batatas ou o número de copos de café.

Nesse ponto, desafio meu público a ler o livro de Apocalipse, de preferência várias vezes, do começo ao fim. Exorto-os a não contar as batatas, mas a procurar a mensagem principal. Em algum momento posterior, eles podem ficar tão interessados no assunto que também queiram saber o número de batatas na tigela e o número de copos de café na mesa. Quando leram os vinte e dois capítulos do Apocalipse, sem se preocuparem com o que significa um "selo", uma "trombeta" e "a besta do mar" e "a besta da terra", e assim por diante, tentaram absorver a linha geral da história e seu significado. Após essa experiência, geralmente ficam maravilhados com o que aprendem. Eles veem nesta parte incomum da Bíblia como, aparentemente, existe uma dimensão que pode ser descrita como "outro mundo", além da nossa vida e por trás dos eventos que acontecem neste planeta. Há muito mais do que os nossos olhos veem. As pessoas que escolhem estar do lado de Deus em sua batalha contra o mal estão atravessando tempos difíceis, mas de alguma forma sempre passaram por isso. Os inimigos de Deus é que são os perdedores! Os redimidos devem exercer paciência, mas, no final, os que permanecem leais a Deus estarão seguros, serão salvos. O livro do Apocalipse começa com uma visão de Cristo de andando em meio a suas igrejas, mantendo os líderes dessas igrejas em suas mãos (1:12-20). E termina em um novo mundo de paz e harmonia, onde Deus vive entre Seu povo. Essa é a mensagem que nos impressiona quando simplesmente lemos o livro inteiro e deixamos que ele nos fale. Quando fizermos isso, descobriremos que, através das palavras humanas dos escritores da Bíblia, a Palavra de Deus vem até nós.

Quando lemos a Bíblia para alimentar nossa alma – e não apenas para coletar informações – descobrimos que muitas das dificuldades que nos fazem duvidar da Bíblia desaparecem ou se tornam menos ameaçadoras. Pegue o livro de Jonas como exemplo. Leia os quatro capítulos – isso não demora mais de meia hora. Não conte as batatas. Apenas esqueça (pelo menos por enquanto) sobre a estada de três dias de Jonas na barriga do peixe grande, e o arbusto que lhe deu sombra e cresceu tão milagrosamente quanto desapareceu novamente. E não se preocupe com alguns dos detalhes da história de conversão dos ninivitas que incluíram até os animais! Basta ler a história e tentar descobrir o que esses poucos capítulos lhe dizem. Se fizermos isso, veremos como Jonas tenta escapar de Deus, mas sem sucesso. É uma história sobre missões e não sobre um peixe que engole pessoas. Iremos aprender como Deus chamou seu profeta para uma tarefa específica e não desistiu de Jonas, quando ele não estava disposto a pregar entre os arquiinimigos de Israel. Observemos como, mais tarde, na história, Jonas está muito mais preocupado com sua reputação de profeta do que com a salvação do povo de Nínive. É uma história que tem uma aplicação muito direta para nossa vida e nosso relacionamento com Deus.

Eu poderia citar outros exemplos de partes da Bíblia que parecem estranhas, mas que têm uma mensagem clara quando lidas em sua totalidade com o desejo de encontrar algo que nutra nossa alma. Ao lermos, devemos sempre estar conscientes de que enxergamos a Bíblia como um todo, ou a qualquer "livro" da Bíblia, com um conjunto de pressupostos. Lemos a Bíblia através de nossas próprias lentes. Não consigo ler a Bíblia de forma puramente objetiva, por mais que eu tente. A casa em que cresci, minha educação, minha cultura e minha história pessoal influenciam a maneira como leio. As pessoas do mundo ocidental não leem a Bíblia da mesma maneira que as do mundo em desenvolvimento. As pessoas urbanas têm uma lente que difere da das pessoas que vivem em um ambiente agrícola. Pessoas ricas e pobres não leem da mesma maneira. Muitas pessoas ricas tendem a ter um interesse especial nos textos bíblicos que lhes dizem que está certo ser rico. As pessoas pobres tendem a se concentrar em textos que exigem justiça e equidade. Os leitores da Bíblia no mundo ocidental veem muitas coisas nas Escrituras que parecem apoiar seu modo de vida, enquanto as pessoas que vivem sob um regime opressivo são imediatamente atingidas pelas histórias de alforria e liberdade.

Ouço adventistas dizerem: não entendo porque as pessoas continuam a ver o domingo como o dia de repouso, porque é tão claro na Bíblia que devemos manter o sábado do sétimo dia. Contudo, lembre-se: *é claro para nós*, porque para nós os textos sabáticos destacam-se quando lemos a Bíblia usando nossos óculos adventistas! Outras pessoas não usam esses mesmos óculos e quase não observam esses textos sabáticos, porque simplesmente assumem que o dia em que Cristo ressuscitou substituiu o sábado do Antigo Testamento. Infelizmente, é assim que quase todos lemos a Bíblia. Como adventistas destacamos imediatamente os textos que apoiam nossas posições doutrinárias e automaticamente tendemos a ignorar ou minimizar os textos que parecem não se encaixar nessas convicções. Os adventistas não precisam se sentir culpados por isso, pois é um fenômeno geral que as pessoas filtram o que leem através da lente de suas ideias preconcebidas.

O primeiro passo na nossa leitura da Bíblia é, portanto, que estamos conscientes do fato de que lemos com nossas próprias lentes pessoais – e que os outros fazem o mesmo. Algum tempo atrás, alguém me recomendou um pequeno livro que achei extremamente iluminador. Com o título *Lendo a Bíblia a partir das Margens*, foi escrito por Miguel De La Torre, um teólogo cubano-americano.[1] De La Torre mostra que a leitura "padrão" da Bíblia nem sempre é aceitável para pessoas ou grupos que estão "nas margens". Os pobres e aqueles que são alvo de discriminação por causa de seu grupo étnico ou gênero podem ter ideias e entendimentos bastante diferentes de textos bíblicos que podem ser de valor para todos os leitores."[2] Fiquei impressionado com o que ele disse sobre diferentes perspectivas de algumas parábolas como, por exemplo, a parábola do Bom Samaritano. Ao ler como ocidentais, o foco parece ser: estou disposto a ajudar alguém em necessidade, independentemente das circunstâncias e de quem é a pessoa carente? Para muitas pessoas de origem asiática, a questão-chave é: posso aceitar a ajuda de qualquer pessoa?[3]

Quando escrevi esses parágrafos, ocorreu-me que "os crentes nas margens" também liam a Bíblia através de seus próprios óculos. No entanto, ao ler, eles podem ser tocados pelo Espírito que inspirou a Bíblia, de maneiras que escapam à maioria de seus irmãos e irmãs.

---

1. Published by Maryknoll, New York, NY, 2002.
2. Ibid., back cover.
3. Ibid., p. 26, 27.

PENSANDO

Elemento vital para lidar com a dúvida é um pensamento claro. Um princípio importante da interpretação bíblica é o uso do senso comum. Ao ler a Bíblia, depois de dar o "salto da fé", não devemos evitar qualquer trabalho intelectual difícil. Contudo, em meio a tudo isso, fazemos bem em aplicar o senso comum. A fé não é apenas um salto no escuro, contrariamente à razão e a todas as evidências. "A fé busca a compreensão", disse-nos Santo Anselmo. Os Guinness formula isso com estas palavras: "Um cristão é uma pessoa que pensa, mas crê enquanto faz o que pensa."[1] É essencial não fazer separação entre a fé e o pensamento. Não disse Cristo que devemos não só amar a Deus com nosso coração e alma, mas também com a nossa mente?[2]

Fritz Guy nos diz que é necessário um "pensamento tripolar". Essa é a maneira de ele afirmar que existem três aspectos a serem levados em conta quando tentamos entender o que a Bíblia nos diz. Os três princípios que devem nos guiar e ser mantidos em equilíbrio são: (1) o evangelho cristão, (2) o contexto cultural e (3) a herança adventista.[3] A boa nova de Jesus Cristo deve sempre estar no centro do nosso pensamento. Tudo o que lemos na Bíblia sempre deve ser "digerido" à luz do evangelho cristão. Nem tudo o que lemos nas histórias bíblicas reflete os valores do evangelho cristão, como, por exemplo, a violência, a escravidão, a desigualdade de gênero e a injustiça social que encontramos. Essas partes da Bíblia nos dizem algo sobre a jornada espiritual do povo de Deus no passado, mas nem sempre refletem adequadamente o caráter de Deus e muitas vezes estão em desacordo com a vida que Cristo viveu como um modelo para nós. Portanto, essas partes da Bíblia não devem determinar nosso modo de pensar, nossa fé ou nossa vida.

---

1. Os Guinness, "Pilgrim at the Spaghetti Junction: An Evangelical Perspective on Relativism and Fundamentalism" in: Peter L. Berger, ed., *Between Relativism and Fundamentalism* (Grand Rapids, MI: Wm. B. Eerdmans Publishing Company, 2010), p. 171.
2. Mark 12:30.
3. Fritz Guy, op. cit., p. 225-252.

Aqui é onde entra o segundo "polo" da proposta de Fritz Guy. A Bíblia foi escrita em um contexto cultural particular. Os autores foram incorporados a uma cultura antiga. Grande parte da Bíblia reflete uma sociedade patriarcal com normas e costumes culturais que já não podem ser normativos para nós. Então, quando lemos a Bíblia, devemos constantemente estar cientes dessas influências culturais e tentar separar a mensagem essencial da Bíblia e os princípios que ela contém, a partir da embalagem cultural. Isso não é fácil para muitos adventistas e, certamente, também para aqueles que defendem uma leitura "literal" da Bíblia e silenciam todos os argumentos com um simplista "A Bíblia diz..."

O terceiro polo em nossa abordagem à Bíblia é nossa herança adventista. Como eu disse anteriormente, lemos a Bíblia através das lentes adventistas. Isso não é, em si, algo totalmente negativo. Os adventistas do passado nos deixaram uma rica herança, com ideias que devemos reconhecer com gratidão. Nunca começamos como uma tábua rasa (a partir do zero), mas sempre nos apoiamos nos antepassados. Percebo que muito do meu pensamento teológico foi profundamente influenciado por vários estudiosos adventistas pelos quais tenho uma grande estima. Porém, nossa herança adventista é apenas um dos três polos e não deve anular os outros dois. Embora a herança adventista não tenha que ser negada ou menosprezada, devemos sempre estar conscientes de que ela influencia nosso pensamento e pode não só esclarecer as coisas para nós, como, às vezes, também causar distorções que temos de identificar e corrigir.

ELLEN G. WHITE

Uma questão que também precisa de reflexão cuidadosa é a nossa atitude em relação a Ellen G. White. Eu seria a última pessoa a dizer que ela não tem mais importância para a Igreja Adventista do Sétimo Dia. Por outro lado, posso entender as reservas que muitos adventistas "nas margens" têm em relação à forma como geralmente ela é colocada em um pedestal e a maneira como muitos usam seus escritos como se fosse a última palavra para resolver todas as questões. Já é hora da pessoa e a obra de Ellen White serem mais desmistificadas.

Quando Ellen White morreu, em 1915, sua posição não era tão elevada quanto hoje em muitos lugares da igreja. De fato, durante vários anos, os líderes da igreja resistiram aos planos de William White, o filho mais velho de Ellen, publicar todo e qualquer dos manuscritos inéditos.[1] Mais tarde, nas décadas de 1920 e 1930, a maré começou a mudar. Uma visão mais fundamentalista da inspiração ganhou apoio crescente na igreja e isso afetou a maneira como os escritos de Ellen White passaram a ser vistos. Essa mudança de atitude levou, entre outras coisas, à produção de uma ampla gama de "compilações", isto é, de coleções de citações de todos os seus escritos (muitas vezes sem o devido respeito pelo contexto).[2]

À medida que mais livros de Ellen White foram publicados, traduzidos em muitas línguas diferentes e fortemente promovidos, o papel de "profetisa" tornou-se cada vez mais pronunciado. Mesmo em partes da Europa, em que há uma longa reticência relativamente a essa tendência – notadamente de líderes como Ludwig Conradi – a situação mudou. Em meu país, na Holanda, os pastores eram tradicionalmente treinados na Alemanha, mas depois da Segunda Guerra Mundial, passaram a frequentar o Newbold College, na Inglaterra, onde se atribuía um papel muito mais importante a Ellen G. White.

Essa tendência na igreja não foi assimilada sem contestação. Em 1976, o historiador Ronald Numbers deixou cair uma pedra no lago adventista, que espalhou ondas para o mundo todo. O livro permaneceu influente, apesar dos árduos esforços da liderança da igreja para minimizar os danos. Numbers colocou os pontos de vista de Ellen White sobre a saúde no contexto do século 19 e forneceu provas convincentes de que a maioria de seus conselhos sobre vida saudável e remédios naturais simples não eram

---

1. A história do conflito entre William White e sua família e os líderes da Associação Geral é descrita em um livro meticulosamente pesquisado por Gilbert Valentine: *The Struggle for the Prophetic Heritage* (Muak Lek, Thailand: Institute Press, 2006).
2. Algumas das muitas compilações são, por exemplo: *Mensagens aos Jovens, Conselhos sobre o Regime Alimentar, Conselhos sobre a Escola Sabatina, O Outro Poder - Conselhos aos escritores e editores.*

tão inéditos como até então se reivindicava. Na verdade, muito do que escreveu e promoveu foi claramente inspirado por outros "reformadores da saúde" daquela época.¹ Um novo choque, que foi mais do que uma pedra no lago adventista, e até poderia ser considerado como um "tsunami" no mar do adventismo, foi um livro do ex-pastor adventista Walter Rea. Ele apresentou provas inegáveis de que Ellen G. White havia tomado emprestado muito de outros autores, muitas vezes copiando longos trechos, sem mencionar suas fontes.² Outras "descobertas" seguiram essa acusação de plágio. Donald R. McAdams, por exemplo, focado em um estudo detalhado dos erros históricos em alguns livros de Ellen G. White, como, por exemplo, em *O Grande Conflito*.³

O Ellen G. White Estate – a organização responsável pela custódia do patrimônio literário de Ellen White – fez o que podia para diminuir o estrago dessas revelações. Também veio com (em minha opinião nem sempre completamente bem-sucedidas) respostas a perguntas difíceis que foram criadas sobre algumas declarações muito incomuns feitas por Ellen White. Ao mesmo tempo, outros autores queriam defender sua autoridade e importância, mas colocaram mais estresse no lado humano da profetisa do que era feito antes.⁴ Encontrei dois livros recentes muito úteis para obter uma imagem mais realista de Ellen White. Gilbert Valentine investigou a dinâmica nas relações entre Ellen G. White e três presidentes da Associação Geral. Ele mostra claramente como Ellen White tinha opiniões fortes sobre sua adequação para a função

---

1. Ronald L. Numbers, *Prophetess of Health: A Study of Ellen G. White* (New York: Harper & Row, 1976).
2. Walter Rea, *The White Lie* (Turlock, CA: M & R Publications, 1982).
3. Veja: https://archive.org/stream/DonaldR.McadamsShiftingViewsOfInspirationEllenWhiteStudiesInThe/1980_mcadams_shiftingViewsOfInspiration_ellenWhiteStudiesInThe1970s_spectrum_v10_n4_27-41_djvu.txt
4. Como, por exemplo, George R. Knight com seus livros populares: *Walking with Ellen White* (Hagerstown: Review and Herald, 2000); e *Reading Ellen White* (Hagerstown: Review and Herald, 2001). Também Graeme Bradford, *Prophets are Human* (Warburton, Australia: Signs Publishing House, 2004) e *People are Human (Look what they did to Ellen White)*, (Warburton, Australia: Signs Publishing House, 2006).

que desempenhava, e como ela era, às vezes, bastante política, ou mesmo manipuladora, em suas relações com eles.[1] Outro livro, com ensaios de dezoito estudiosos adventistas e não-adventistas, trata, em um nível mais acadêmico, de muitos aspectos da pessoa e obra de Ellen White. Fornece informações sobre ela, as quais eram pouco conhecidas, ou mesmo completamente desconhecidas, até agora.[2] Uma resposta a esse e a outros livros recentes, que foi coordenada pelo White Estate, mostra que a igreja aparentemente sente que qualquer pesquisa de estudiosos que venha a destacar questões problemáticas não deve ficar sem resposta.[3] Tudo faz parte de um processo que, sem dúvida, continuará.

Os "crentes adventistas nas margens" fariam bem em ler alguns dos livros que mencionei ou referi nas notas finais. Isso ajudará a obter uma visão mais equilibrada de Ellen White e a apreciar mais plenamente o que ela viveu e escreveu no mundo americano do século 19. Muitos dos princípios que ela enfatizou ainda são valiosos para nós hoje. Contudo, quando lemos seus livros, não devemos esquecer que ela escreveu na era vitoriana e estava sujeita às limitações no conhecimento científico desse período. Além disso, ela não era uma historiadora ou teóloga. Suas referências históricas não são inequívocas e seu uso da Bíblia principalmente seguiu uma abordagem de texto-prova. O linguajar que ela usou é bastante pesado para muitos de nós hoje, e dificilmente podemos esperar que os jovens, em particular, leiam seus escritos em grande número. Tudo isso não significa que seus escritos não sejam mais úteis para os adventistas hoje, mas não devemos procurar neles mais do que esperamos razoavelmente. Como adventistas, fazemos bem em ler seus livros completos (e não as chamadas compilações) como leitura devocional para o enriquecimento de nossa vida espiritual.

---

1. Gilbert M. Valentine, *The Prophet and the Presidents* (Nampa, ID: Pacific Press, 2011).
2. Terry Dopp Aamodt et. al., eds., *Ellen Harmon White: American Prophet* (New York, NY: Oxford University Press, 2014).
3. Merlin D. Burt, ed., *Understanding Ellen White* (Nampa, ID: Pacific Press, 2015).

Nos tempos bíblicos, muitos profetas falaram em nome de Deus. Alguns deles são meramente mencionados na Bíblia de passagem e até mesmo alguns dos "grandes" profetas, como Elias e Eliseu, não deixaram nenhum escrito. Por outro lado, os profetas que contribuíram com escritos para a Bíblia podem ter escrito mais do que temos em nosso cânone bíblico hoje. Ao longo do tempo, uma seleção foi feita e o cânone bíblico foi estabelecido. Isso, porém, deve nos dar uma direção em relação aos escritos de Ellen G. White. O tempo vai fazer o seu trabalho e, gradualmente, pode surgir algum consenso sobre o que deve ser visto como o núcleo do que ela escreveu. Parece-me que livros como *Caminho a Cristo*, *O Desejado de Todas as Nações* e *Parábolas de Jesus* estariam no, ou perto, do topo da lista. Os "crentes nas margens" que querem provar um pouco do que ela escreveu podem começar com esses ou livros semelhantes.

ORAR

Espero que minhas observações sobre a leitura da Bíblia, o papel de nossa reflexão e meus comentários sobre o lugar de Ellen G. White no adventismo tenham sido úteis. No entanto, é importante certificar-se de que tudo isso não permanece apenas em função do esforço humano. Faz parte também de nosso "salto de fé" a expectativa de que Deus deseja Se comunicar conosco. Os cristãos diriam que Deus faz isso através do Seu Espírito. Mais uma vez, deixaremos de lado as questões teológicas complicadas relativas à Pessoa e à obra do Espírito Santo. Em conexão com o que estamos discutindo neste capítulo, quero sublinhar que só podemos receber o pleno benefício espiritual da leitura da Bíblia e de nossas reflexões se permitirmos que Deus de alguma forma nos diga qual deve ser nosso foco e como devemos relacionar tudo isso com a nossa vida aqui e agora. A oração é a palavra usual para esse ato de abertura para receber a influência divina.

Para muitos crentes, a oração não é fácil. Quando tentamos orar, muitas de nossas orações podem ter permanecido como fórmulas vazias, que resultam do hábito e não da convicção. Muitas vezes, não é fácil encontrar as palavras certas para expressar nossos sentimentos e motivos mais profundos. Mesmo os discípulos de Jesus se perguntaram como deveriam orar e pediram: "Ensine-nos a orar" (Lucas 11:1). Em resposta ao seu pedido, Jesus lhes deu a chamada "Oração do Senhor" (Pai Nosso, que estás no Céu ...). Além do nosso "salto de fé", talvez também precisamos dar um "salto de confiança" e esperar que Deus nos ouça quando pedimos orientação.[1]

Se você não tem o hábito de orar, ou não sabe orar, repetir as palavras da "Oração do Senhor" pode ser um bom começo. Ou, após ler uma passagem da Bíblia, interrompa a leitura para pensar no possível significado que esse texto pode ter para você, e apenas diga: "Deus, ajuda-me a descobrir o que preciso ver e a encontrar respostas para as minhas perguntas", e então fique em silêncio por alguns instantes. Em outras palavras, dê a Deus a oportunidade de Se comunicar com você e apontar para o que é de fato importante, e assim poder responder a algumas de suas perguntas.

Então, *converse com Deus* sobre suas dúvidas e peça orientação, enquanto você está procurando por respostas. Além disso, *converse com outras pessoas*. É importante ser seletivo e escolher com quem você vai falar sobre suas incertezas e dúvidas. Algumas pessoas em sua igreja local ou em outro lugar só se confundirão ao saber com o que você está lutando, e isso não vai ajudar, nem a você nem a elas. Porém, se você olhar com cuidado, sempre encontrará pessoas que têm experiências semelhantes às suas, com quem poderá compartilhar seus pensamentos e perguntas. Em muitos casos, essa troca de ideias poderá ajudar a você e a essas pessoas, se formarem um grupo de discussão. Se puderem contar com um amigo, pastor ou um ancião para atuar como um guia – alguém que possa sugerir pensamentos novos ou indicar algumas passagens bíblicas ou ainda apontar para um livro capaz de estimular nessa busca, a você ou a esse grupo de discussão. Afinal, sempre se pode encontrar alguém que viajou por um caminho semelhante, e está um pouco à sua frente, já conseguiu ver um rumo e pode ajudá-lo a redefinir seu GPS espiritual.

---

1. Philip Yancey, *Prayer. Does it Make any Difference?* (Grand Rapids, MI: Zondervan, 2006), p. 209.

"QUESTÕES SOBRE DOUTRINA"

Mais cedo ou mais tarde, os "crentes adventistas que estão nas margens" devem enfrentar suas dúvidas em relação a várias doutrinas específicas de sua igreja. Além do que eu disse no capítulo anterior sobre a classificação de doutrinas em relação à sua importância relativa, e em reação à questão de quantas doutrinas um adventista "real" deve abraçar minimamente, aqui quero ressaltar mais um ponto. Não devemos ter medo de fazer perguntas críticas sobre a forma como a tradição adventista definiu e formulou alguns de nossos ensinamentos. Roy Adams, ex-editor da *Adventist Review* (a *Revista Adventista*, em inglês), tentou abrir uma discussão sobre os detalhes da tradicional doutrina do santuário, quando questionou as pessoas que pensam que "as posições que assumimos em todas as doutrinas ou questões teológicas devem permanecer conservadas como se estivesse no formol para sempre – nunca mais serem reexaminadas, nunca serem modificadas, nunca serem refinadas".[1] O mesmo autor citou a seguinte afirmação intrigante no início de sua dissertação de doutorado sobre a compreensão adventista da doutrina do santuário celestial: "Grandes questões filosóficas ou teológicas raramente são resolvidas para a satisfação das gerações seguintes."[2] Eu pessoalmente compartilho desse sentimento. Isso me dá espaço para respirar e uma sensação de liberdade para olhar de novo as doutrinas da minha igreja de uma maneira aberta e crítica.

Não estou, por um momento, sugerindo que seja fácil abordar dúvidas da maneira que descrevi. Não conheço nenhuma solução rápida. No entanto, algumas das coisas que eu disse podem ajudá-lo a encontrar a paz interior que você precisa, enfrentando suas dúvidas e procurando respostas. Um ingrediente importante nesse processo é o tempo. Não devemos ter demasiada pressa em lidar com nossas dúvidas. Muitas vezes, as dúvidas cresceram ao

---

1. Roy Adams, "Sanctuary" in: Gary Chartier, ed.: *The Future of Adventism: Theology, Society. Experience* (Ann Arbor, MI: Griffin & Lash, Publishers, 2015), p. 143.
2. Ibid., p. 154.

longo de muitos anos e pode demorar tanto tempo quanto para serem resolvidas. Eu achei muito útil me concentrar em apenas uma das questões que me incomodaram por um longo período de tempo, enquanto bloqueava minhas outras dúvidas em um armário com um forte cadeado. Quando, depois de bastante leitura, reflexão e oração – e, muitas vezes, longas discussões úteis com outros – encontrei algumas respostas para uma questão específica, eu me permiti passar para outro tópico. Descobri que isso faz minhas dúvidas serem gerenciáveis. Quando tento lidar com todas ao mesmo tempo, só consigo ficar mais estressado. Isso pode resultar em pânico, com a sensação de que tudo está determinado e nada é certo.

Os Guinness fez alguns comentários úteis quando discutiu a vida do crente como a de um motorista que ao chegar num entroncamento de várias rodovias percebe que tudo está trancado, e parece-lhe que não há como sair daquele emaranhado.[1] Ele nos adverte que encontrar respostas para nossas dúvidas não é como passar por uma encruzilhada simples com o tráfego fluindo, por isso que ele compara nossa busca com a difícil e penosa solução para se livrar de um colossal engarrafamento.

Os Guinness sugere que há quatro fases em nossa jornada para ser um cristão equilibrado:

Primeiro, há tempo para perguntas. (Creio que demoramos muito tempo nessa fase nos primeiros capítulos deste livro.) Significa que devemos tornar-nos alguém que sempre está em busca e estar disposto, se necessário, a deixar de lado as ideias anteriores e estar aberto a outras visões.

Na fase dois, estamos à procura de respostas. Consideramos alternativas potenciais para substituir ou modificar as visões que anteriormente mantínhamos, mas já não são seguras.

Fase três: Guinness chama a fase da evidência; quando testamos nossos novos *insights* e tentamos determinar como podem se encaixar no quadro maior de nossas convicções religiosas.

---

1. "Pilgrim at the Spaghetti Junction: An Evangelical Perspective on Relativism and Fundamentalism" in: Peter L. Berger, op. cit., p. 164-179.

Para os adventistas, isso significa que nós determinamos como podemos lidar com essas novas ideias, com as quais nos sentimos confortáveis, as ajustamos em nossa estrutura de adventismo e percebemos que é possível ser adventistas "reais" – embora nos desviando de alguns (ou muitos) pontos de vista adventistas tradicionais.

Tentamos contribuir para as fases dois e três na segunda parte deste livro. Contudo, diz Guinness, não devemos nos esquecer da fase final, que é a mais importante. Depois de ter passado pelas três fases, vem o tempo para (re)conectar; garantindo que nossos novos conhecimentos tenham um impacto concreto em nossa vida diária. Pois, afinal, isso é o que realmente conta.

Em 1998, a *Pacific Press Publishing Association* publicou um pequeno livro que eu escrevi sobre as (então) vinte e sete Crenças Fundamentais.[1] Era bastante simples e não continha nenhuma teologia profunda. Olhei brevemente para cada uma das Crenças Fundamentais e, em cada caso, me fiz a pergunta: Que diferença realmente faz se eu acreditar nisso? Comecei com a premissa de que a "verdade" deve *fazer* algo por mim. Cristo disse à multidão que a verdade "os libertaria" (João 8:32). A verdade não é uma teoria, um sistema filosófico ou teológico, mas um agente de mudança que deve transformar as pessoas. Então, passando por todos os vinte e sete pontos, eu perguntei: como acreditar que essa doutrina específica me torna um ser humano melhor, mais equilibrado, mais agradável e mais espiritual? Se não fizer algo por mim, não tem valor real.

Para minha surpresa, nada do que escrevi antes ou depois me trouxe tantas reações positivas. Esse pequeno livro parecia ir ao encontro de muitos leitores. Como eu, eles também queriam acreditar em algo que realmente afeta a nossa vida – que é relevante ou, para usar uma expressão adventista tradicional, algo que é "verdade presente".

---

1. Reinder Bruinsma, *It's Time to Stop Rehearsing What We Believe and Start Looking at What Difference It Makes* (Nampa, ID: Pacific Press, 1996).

MINHA JORNADA

Não preciso do dom profético para dizer que estou mais perto do fim da minha vida do que do seu início. Uma vez que as pessoas estão aposentadas, começam a sentir a tendência de olhar para trás, fixando-se no que ficou no passado. No começo do meu ministério, provavelmente eu poderia ter sido descrito como um fundamentalista. Porém, durante toda a minha vida, sempre fiz perguntas. E encontrei respostas para muitas delas. Mudei minhas opiniões sobre muitas coisas e, gradualmente, experimentei uma mudança teológica. Alguns, agora me chamam de "liberal", enquanto outros me chamam de adventista "progressista". (Eu acho esse segundo rótulo melhor!) No entanto, não gosto de ser colocado em uma caixa particular. Talvez eu possa resumir melhor minha jornada espiritual, dizendo que sempre tentei ser um pensador independente, e, ao mesmo tempo, sempre tentei ser leal ao meu Senhor, à minha igreja e a mim mesmo.

Se eu fosse fazer um resumo de onde estou no momento na minha jornada de cristão e como adventista, e fosse convidado a indicar o conteúdo principal do que acredito, minha declaração pessoal de Crenças Fundamentais seria algo assim:

EU CREIO...
- que Deus é três em um: Pai, Filho e Espírito Santo.
- que Deus é o Criador de tudo e, portanto, eu sou um ser criado com os privilégios e responsabilidades que isso implica.
- que Jesus Cristo veio à Terra e resolveu radicalmente o problema do pecado através da Sua morte e ressurreição – para o mundo e para mim.
- que o Espírito Santo guia minha consciência e me equipou com certos dons, para que sirva melhor a Deus.
- que a Bíblia é um livro inspirado que conta a história do envolvimento de Deus com a humanidade e me fornece princípios orientadores básicos para que eu possa tentar viver como Deus quer.
- que, como ser humano, estou sujeito à morte, mas que, quando morrer, minha identidade é de alguma forma preservada por Deus; e que Ele me dará um novo começo em uma existência eterna.

- que nosso mundo presente está infectado pelo mal, em proporções demoníacas, de modo que uma solução do alto é necessária; Cristo completará esse processo quando Ele retornar à Terra e criar um "novo céu e uma nova Terra".
- que, como um seguidor de Cristo, só posso viver autenticamente se eu conscientemente procurar moldar minha vida segundo os princípios que Ele exemplificou para mim.
- que a cada sábado eu tenho a oportunidade única de experimentar o descanso que Deus oferece.
- que sou responsável pela forma como uso os recursos naturais, o meu tempo, meus bens, meus talentos, e também como cuido do meu corpo.
- que, juntamente com todos os verdadeiros cristãos, posso ser um membro da igreja de Deus.
- que a comunidade de fé a que pertenço tem uma parte importante na proclamação mundial do evangelho e tem a tarefa de dar o tom em uma série de ênfases importantes.
- que, através do meu batismo, posso fazer parte da igreja de Deus e posso, ao celebrar a Ceia do Senhor, ser regularmente lembrado do sofrimento e da morte de Cristo.
- que posso crescer espiritualmente junto a pessoas da comunidade da qual me sinto uma parte.

Claro, que essa lista de "fundamentos" jamais pode ser definitiva. E, é importante frisar que eu listei o que é "fundamental" para *mim*. Outros terão que refletir sobre o que é "fundamental" para *eles*, e provavelmente usarão palavras diferentes, e chegarão a uma lista um pouco diferente.

Este é o cerne do assunto: é bom refletir de vez em quando sobre o que é realmente "fundamental" em nossa fé. Isso ajuda a diferenciar entre coisas primárias e secundárias e não tratar as coisas secundárias como se fossem as mais importantes.

Tendo chegado ao último parágrafo deste livro, posso dizer a você que escrever este texto foi bom para minha própria alma. Espero sinceramente que ajude a muitos leitores, que são "crentes às margens", a ter um controle sobre suas perguntas e dúvidas; e a reacender uma experiência de fé viva e ajudar a se afastar "das margens" da igreja e encontrar a benção de participar mais plenamente em sua comunidade de fé.

Sei que a comunidade de fé adventista está longe de ser perfeita. Mas Deus a está edificando – e nós também devemos participar desse processo.

www.ingramcontent.com/pod-product-compliance
Lightning Source LLC
Chambersburg PA
CBHW070423010526
44118CB00014B/1881